思维导图阅读

能模仿的写作

丁丁老师◎著

中国人民大学出版社
·北京·

图书在版编目（CIP）数据

思维导图阅读：能模仿的写作 / 丁丁老师著 . -- 北京：中国人民大学出版社，2020.1

ISBN 978-7-300-27545-1

Ⅰ．①思…　Ⅱ．①丁…　Ⅲ．①作文课—小学—教学参考资料
Ⅳ．① G624.243

中国版本图书馆 CIP 数据核字（2019）第 224692 号

思维导图阅读
能模仿的写作
丁丁老师　著
Siwei Daotu Yuedu

出版发行	中国人民大学出版社		
社　　址	北京中关村大街 31 号	**邮政编码**	100080
电　　话	010-62511242（总编室）		010-62511770（质管部）
	010-82501766（邮购部）		010-62514148（门市部）
	010-62515195（发行公司）		010-62515275（盗版举报）
网　　址	http://www.crup.com.cn		
经　　销	新华书店		
印　　刷	北京瑞禾彩色印刷有限公司		
规　　格	170mm × 240mm　16 开本	**版　　次**	2020 年 1 月第 1 版
印　　张	15.5	**印　　次**	2024 年 3 月第18次印刷
字　　数	180 000	**定　　价**	48.00 元

序

阅读到写作的化学反应

朱汉华

阅读，伴随我们一生。著名教育学家朱永新曾说：一个人的阅读史就是他（她）的精神发育史。有人把这句话稍加改造：一个人的成长史，就是他（她）的阅读史。

写作，相比阅读，没那么普遍和必须。就好比我们都有自己钟爱的美食，但不是每个人都会做菜、都亲自掌过锅勺。写作，相较而言更复杂、难度更高。有的人一辈子几乎不写作，并不影响正常生活，无非就是没有自己的人生记录。

按这个逻辑来看，阅读似乎比写作更重要。著名作家肖复兴曾说：阅读是写作之母。阅读是我们接受教育的起点，是民族文化传承最基本的载体和手段。如果说阅读是一个合格的社会人的基本能力，那么在我看来，写作就是一个高级的职业人的核心素养。所以，阅读是基础性的、普适性的，而写作是应用型、创造型的能力。当社会文明、社会竞争发展到一定阶段，写作能力反而显得更重要，因为写得好的人真的不多。

在现代人的精神生活中，看电视（电影）是最轻松的，我们的大脑几乎处于休息状态，画面所呈现的就是它要表达的；阅读稍“累”一点，我们要投入更多的精力用于聚神、代入、理解、感悟；写作，则是最“累”的，我们需要静下心来，端坐着，思考、想象、选择、整合……然后形成一篇叙述完整、表达清晰，有层次、逻辑和思想的作品（广义的写作，涵盖各行各业，绝不仅仅是作家的创作）。由此可见：写作，需要我们更高级的能力。一般来说，会读的人不一定写得好；但写得好的人，一定善于阅读。

阅读和写作的关系，从形态上看，一个是别人的作品，一个是自己的作品；从效果来看，是从欣赏别人到满意自己，从悦己到悦人。我们学习的过程，就是从广泛阅读、选择性阅读、精细阅读到模仿型写作、任务型写作、抒发型写作和创造型写作。当然，阅读和写作不是两条平行线，而是相互交叉、彼此渗透的。

语文教育界有句名言：以读促写，以写促读。阅读是写作的积累和观摩，写作是阅读的内化和实践。你只有亲自动笔写作文，才更明白那些读过的好文章妙处何在；当你写作遇到困惑、梗阻和瓶颈时，通过阅读，你会找到柳暗花明的出路和新的方向。

在我看来，有效的阅读和优秀的写作之间，一定是有“化学反应”的。而这种“化学反应”的催化剂，就是思维。

我一直认为，“语文课”有三大功能：一是学习和传承我们的母语，二是教授广义的“审美”（懂得什么是真、善、情趣和美好），三是训练思维。这其中，“思维能力”既是教育的目标，也是学习的手段。我们教孩子们阅读和写作，不是为了把他们都培养成作家或文艺类人才，更重要的是发展他们的思维能力，让他们成为会思考、有思想的“文化人”。

在互联网时代，知识已经成为公共常识和随手可查的信息，而思维能力才是真正的、个性化的核心素养——如何对已有知识（材料）有效分析、选择、整合、创新，才是更重要、更关键的能力。无论你未来从事什么职业，思维能力都将伴你终身，让你受用一生——思维决定行为，行为形成习惯，习惯养成性格，性格决定命运。

从认识丁丁老师起，在我的印象中，他一直保持着自我更新的学习习惯和有计划、有规律的生活。忙则心亡，他曾说：“我刻意不让自己教书太忙碌，必须有时间学习、思考，还定下一个目标：一年出一两本书。”

他做到了。2018 年，他出了《丁丁老师创意作文课：教你写出会思考的作文》《丁丁老师创意作文课：教你写出有个性的作文》，2019 年又推出这两部新作的升级版，分别是用“思维导图”来讲解、指导阅读和写作（都是和中国人民大学出版社合作）。由英国人 Tony Buzan 创造的“思维导图”进入中国有 30 年了，这种将思维形象化的方法，通过线条、颜色、词语等简洁明了的“符号”，整理、展示我们的思维脉络，使之明晰化、条理化、层次化——当“树状图”行进延展时，就是我们的头脑在进行着扫描、捕捉、选择、演绎、提炼、归纳、突出……在阅读上，“思维导图”有助于我们抓住要点和关联，读得明白，读出真味；在写作时，“思维导图”有利于我们把握方向和节奏，写得层次分明，写得自然流畅。

丁丁老师用“思维导图”来教阅读和写作，让人耳目一新。其实，在今天的技术理性时代，不管是“大语文”，还是其他学科，其教学方法都应该是开放的、融合的，而不能是封闭的、单一的。我想，丁丁老师的“洋为中用”，绝不是为了赶时髦、图新鲜，而是以此凸显思维的重要，借用简单、实用的现代工具和手段，让孩子们更快、更好地领悟、掌握阅读和写作的精要。

也许，“思维导图”就是阅读和写作之间的化学方程式。像丁丁老师这样对于“大语文”教育的创新探索，是值得欣赏和鼓励的。

（朱汉华，知名媒体人，楚才竞赛委员会办公室主任，中国写作学会特聘研究员，中国教师发展基金会专家委员，华中师范大学基础教育创新发展研究中心研究员。）

前言

有了思路，何须套路

左脚刚踏进家门，三岁多的女儿就冲了上来。

“爸爸，爸爸，今天早上去幼儿园，公交车轮胎爆了。”她的眼睛里，满是藏不住的惊喜。每每有了新发现，她都是这样，明明是有点危险的事情，也急切地想与人分享，眼里有光在闪烁。

“下车的时候，你看到是哪个轮胎爆了吗？”

“爸爸，我没有看。”

“没有看，你也可以知道是哪个轮胎爆了。”

惊喜变疑惑，她待在原地愣了一下。

我让她闭上眼睛，然后拿起一个玩具晃动出声音，问她玩具在哪个方向。接着，我又模仿爆胎的声响，问她声音发出的位置。

女儿笑了，她明白了——眼睛没看到的时候，可以用耳朵去感知。训练了一段时间，她的听觉越发灵敏，经常跟我玩藏物的游戏：游戏中间会发出不同的声音，游戏方就根据这些声音去猜测东西藏在什么地方。

四岁的时候，爱甜食的她打开冰箱，想找昨天没吃完的小蛋糕。后来，她在餐桌边上找到了空空的盒子。

隔着大门，我都能听到连绵的哭声。

“你能猜出是谁吃了你的蛋糕吗？”我一边蹲下来，一边抱着她问。

“我猜不出来。”哭声稍稍停顿了一下。

“我们来好好分析分析，说不定就能猜出来。”

“真的吗？”她抽泣着擦眼泪，眼里掠过一丝欣喜。

我先让她仔细观察：蛋糕盒摆在餐桌边上，上面沾着一点蛋糕沫，里面还放着几块小黄鱼的皮——空蛋糕盒已经被当作垃圾盒了。盒子旁有个碗，上面的筷子没摆整齐。

“我们家谁最喜欢吃鱼皮？”

“大姨！”

“那你觉得是大姨吃了你的蛋糕吗？”

“好像不是，大姨不会把鱼皮丢了。”

“大姨排除了，就剩妈妈、外婆和弟弟了。会是弟弟吃的吗？”

“不会，弟弟打不开冰箱。”

“再看筷子的摆放，外婆会这样放筷子吗？”

“好像不会，外婆每次都放得整整齐齐的。”

“那你知道是谁吃了你的蛋糕吗？”

“爸爸，我知道了，是妈妈！”

分享的两个小故事，是我跟女儿的日常趣事。我没有直接告诉她：“用耳朵就能知道答案”，或者“妈妈怕你吃隔夜的蛋糕”。我更想启发她去自我思考，学会判断，学会寻找解决问题的路径。因为，这是一个人成长中最重要的训练——思维训练。

和教育孩子一样，在作文教学中，我也一直认为，思维训练是首要的。先训练孩子观察和思考生活中的人和事，一步步形成自己的看法；之后才是语言文字的技巧训练，让孩子能够灵活生动地组织词语，把心中和口中说过的内容形成文字。

看起来，这实在是再顺理成章不过的事情，可实践中，很多人往往本末倒置，先从语言文字开始，或者说仅仅盯着语言文字，一味追求辞藻的华美。可没了想法，文字也就失去了来源和依托，就像是无源之水，根本没法长久。于是，越去挤它，水塘就越干涸，直到最后挤不出水。

这样的本末倒置，还催生出坊间的一大批快速作文法——利用套路来训练作文。把作文当套用公式，写人一套公式，写事一套公式，开头有五种方式，结尾有四种方式，再来搭配组合。说到题材，更是只有光明和高尚的。写父母，那只能是感恩，爸爸背你去医院或者妈妈冒雨来接你；写老师，就是老师像燃烧的蜡烛、吐丝的蚕。限制到这样，你让孩子不去编、不撒谎怎么办？作文本来是写自己的故事、自己的感受，可 100 个孩子能写 99 个一样的故事和感受，这实在是可怕！

更可怕的是，这些套路爸爸妈妈用过，现在的孩子仍然在用。难怪有一句话这样感慨——走过最长的路，就是作文的“套路”。

作文，不是搭积木，更不是只能搭几块积木。作文是埋下种子，或者是饲养小动物。种子会发芽，小动物会长大，它们每一天都在变化，变化出不同的状态。

简单来说，作文是有生命的东西！可如果用没有生命的方式来教孩子写作，那怎么能写得活？只会越写越死，越写越不会写。

这几年，我一直在尝试打开孩子的作文思路，尝试用思维导图的方式帮助孩子打破套路。因为我坚信，一旦思路对了，并且占据了作文的主导，那套路作文就会自动掉队。这种感受，在我读到人教版部编本三年级语文课文《大青树下的小学》的结尾时，越来越强烈。

它的结尾是这样的——

> 这就是我们的民族小学，一所边疆的民族小学。古老的铜钟，挂在大青树粗壮的枝干上。凤尾竹的影子，在洁白的粉墙上摇晃……

如果按照套路作文的写法，写结尾大抵是——

> 这就是我们的民族小学，一所边疆的民族小学，我爱这所民族小学。

两个结尾放在一起，水平和意境高下立现。课文的结尾有细节，跳跃，这是一种文学艺术思维，可以引发我们更多的遐想，带来思绪的飘逸，而爱，早已尽在不言中。

本着用思路对付套路的想法，我将这几年的研究和教学实践所得，浓缩成这两本书：《思维导图阅读——能模仿的写作》《思维导图作文——看得见的写作》。前者主要是精选名家作品，还原作家构思过程，再让孩子回到自己的作文，尝试模仿思路，写出逃离套路的真情作文。名家作品分为五块，分别是观察、动作、夸张、细节、视角，目的是从作文最基础的五项基本功入手来模仿和训练。后者针对小学生作文起步训练最重要的六种类型：写事、写人、写动物、写静物、写景和想象作文，从学生的作文案例出发，完成写作的启蒙和思路的开拓。比如写事作文，传统技法多从六要素开始：时间、地点、人物，事情的起因、经过、结果，接着寓理于事。但在这里，我让孩子们先思考四个问题，并做简要回答：

◎谁做了什么？

◎怎么做的？

◎最想告诉别人什么？

◎环境、心情怎样？

第一个问题是写作的原点，事情都围绕它发生。就像吹气球一样，它是那个没吹之前瘪瘪的气球，一点也不美，但有了它，你才能通过一口气一口气地吹（一步步加工），把它变大、变美、变复杂。第二个问题帮我们理清过程和顺序。第三个问题是确定作文的重点。第四个问题起到烘托作用，给作文注入情感，让文字拥有温度。

学习中，我们还希望孩子们学会画简单的思维导图，理清事情的节奏，学会条理和逻辑，并迸发出更大的想象力。

说到底，用思路抛弃套路，是希望回到作文的"原点"——写自己想写的。我希望这两本书能真正激发出孩子的"想"——这既是指想法，也是指意愿。有了这两点，套路什么的，让它见鬼去吧。

丁丁老师

2019 年 10 月

目　录

一

观 察

五官要齐争功

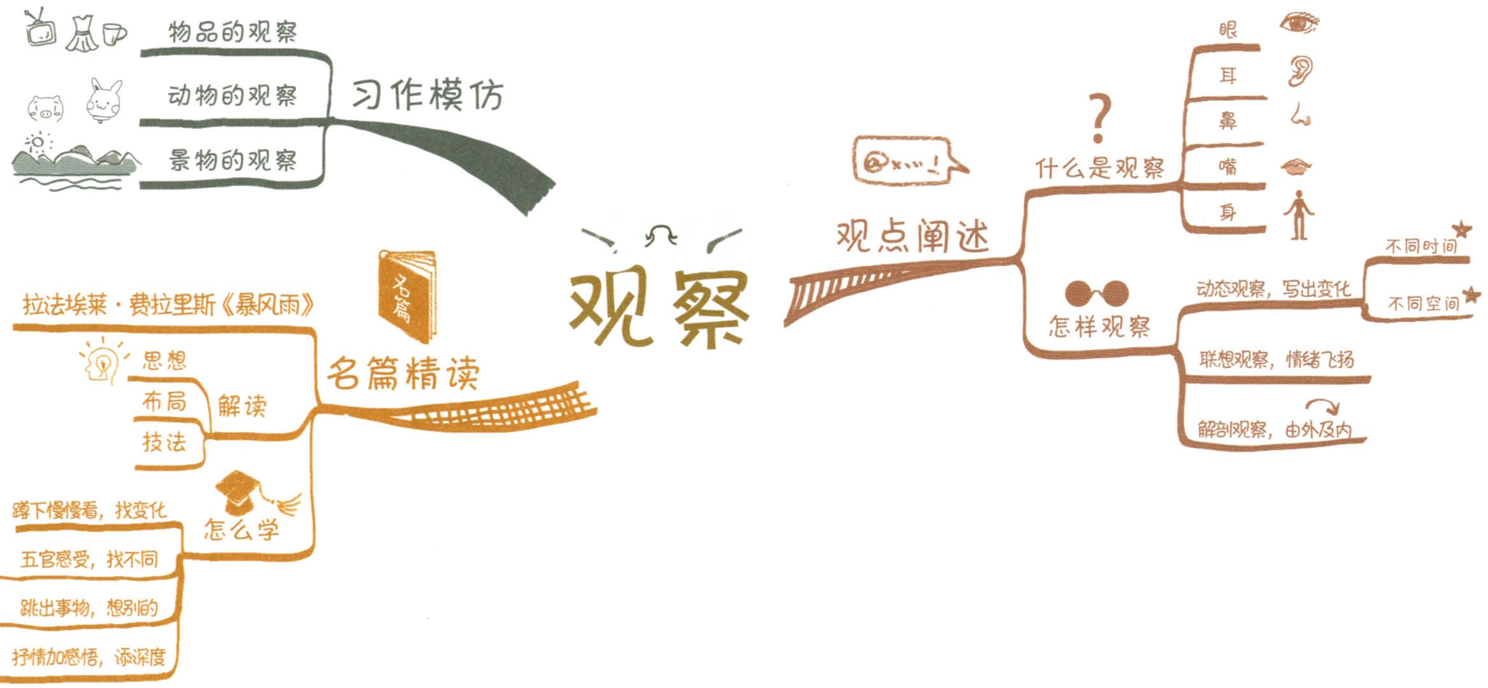
观察
观点阐述
什么是观察
眼
耳
鼻
嘴
身
怎样观察
动态观察，写出变化
不同时间
不同空间
联想观察，情绪飞扬
解剖观察，由外及内
习作模仿
物品的观察
动物的观察
景物的观察
名篇精读
名篇
拉法埃莱·费拉里斯《暴风雨》
解读
思想
布局
技法
怎么学
蹲下慢慢看，找变化
五官感受，找不同
跳出事物，想别的
抒情加感悟，添深度

本章结构图

鼻子：我可告诉你，你所以当上头号笑星，那全仗着我这鼻子给你挺着呢。你想啊，我这鼻子是你脑袋上唯一的一个呼吸器官哪！

眼睛：你的聪明，你的才智，全在我身上才能体现出来。你用我跟观众交流感情，用我表达喜怒哀乐。

耳朵：我这耳朵是你脑袋上重要的信息机构。没有我这耳朵，你知道什么是音乐？

嘴：没有我这嘴，你说段相声我听听，说！

这是 1987 年央视春晚群口相声《五官争功》的片段。该作品以作者马季（脑袋）的一个梦作为事情起因，其他四个演员分别扮成作者的嘴、眼、耳、鼻，并通过与作者的争论及四方的相互争辩营造爆笑情节。

作文第一步是观察，观察可不仅指用眼睛看，而是要五官齐用，就像《五官争功》一样，比拼着来。

俄国著名生理学家巴甫洛夫特别强调人的观察能力，他在实验室的墙上刻着几个醒目的大字："观察，观察，再观察。"并告诫学生：不学会观察，你就永远当不了科学家。

我们不学会观察，就不可能写出生动的作文。

（一）观点要牢记

五个感官一个都不能偷懒

1. 什么是观察

观察不就是看吗？这或许是不少孩子的第一反应。

观察，分为“观”和“察”。观，指看、听、闻、尝、触等多种感知行为；察，即在感知之后要有分析思考。所以，观察不仅仅是看，而是以看为主，融合其他感觉为一体的综合感知，还要对信息再思考。人获取知识、感知世界，就必须观察。

在作文里的观察，具体来说有五类，也就是身体的五个器官所对应的五感。眼睛看，对应视觉；耳朵听，对应听觉；鼻子闻，对应嗅觉；嘴巴尝，对应味觉；身体触，对应触觉。

（1）眼睛看——视觉

每天一睁开眼，视觉观察就开始了。科学研究表明：80% 以上的外界信息经视觉获得。用眼睛看，主要感知外界物体的大小、形状、颜色、动静等信息，这些信息需要具体描述，写进作文里就成了精彩的细节。比如：

妈妈给我买了一只乌龟。

这是一个简单的事件陈述。对于读者来说，看到这句话，并不知道是怎样一只乌龟。下面，我们选取视觉观察的几个点，一一加入细节。

大小——妈妈给我买了一只乌龟，它只有火柴盒那么大。

形状——整天背着一个椭圆形的壳。眼睛小小的，像小珠子一样。后面有一条又短又小的尾巴。

颜色——深绿色的壳，好像古代士兵打仗用的盾牌。两只小眼睛也绿莹莹的。

动静——它太懒了，整天趴在缸底，四肢伸展，像在做白日梦。饿了，它才会爬起来。不过，我一用小棍戳它，它立马就把头、脚、尾巴都收进龟壳里，难怪俗语说“缩头乌龟”。

见思维导图 1-1：乌龟。

接下来，把刚才视觉的几个点组合在一起，就是一段精彩的视觉观察文字——

妈妈给我买了一只乌龟。它只有火柴盒那么大，整天背着椭圆形的壳，颜色深绿深绿的，好像古代士兵打仗用的盾牌；小脑袋总缩在壳里，有幸看到它伸出来，两只绿莹莹的小眼睛，像小珠子一样滴溜溜直转；壳的后面藏着一条又短又小的尾巴。

这只乌龟实在太懒了，整天趴在缸底，四肢伸展，像在做白日梦；饿了，才会爬起来。不过，我用小棍一戳，它立马就把头、脚、尾巴都收进龟壳里，难怪俗语说“缩头乌龟”。

视觉观察中，请特别留意颜色。写颜色的词语有着天然的魅力，能增加文字的画面层次，传递情感。比如唐朝诗人杜牧的“千里莺啼绿映红，水村山郭酒旗风”，一个“绿映红”，写出了江南的繁华和色彩之美。

思维导图 1-1　乌龟

再比如人教版部编本小学语文课文《搭船的鸟》[1]中的一段：

多么美丽啊！它的羽毛是翠绿的，翅膀带着一些蓝色，比鹦鹉还漂亮。它还有一张红色的长嘴。

我们可以轻易猜出这是翠鸟，这都是视觉的功劳，文中用到了“翠绿”“蓝色”“红色”，色彩感很强。

（2）耳朵听——听觉

当你闭上眼睛，用耳朵去感受世界的时候，会有不一样的体验。如果训练够多，你就能轻易分辨出是哪种鸟儿的声音、是什么季节的风、是什么人在说话。一旦这些细化的内容写进作文里，就是精彩的片段。

比如写风，用耳朵感受一下它的不同，然后写成文字：

春天的风沙沙的，轻轻地吹过耳边，就像跟我在说话。有时说得太轻，连我都没听清。

夏天的风最调皮，大多数时候都躲着不出声，要么就呢喃两声，要么就呜呜地吹，恨不得把所有不顺眼的都吹倒。跟着它一起瞎闹的还有气势汹汹的暴雨。

秋天的风飒飒的，吹得树叶簌簌的，片片飘落在地，凉意里又有种火红的感觉。

冬天的风呼呼的，号叫是它的常态，带着刺骨的寒意，刀子般割在人的脸上。

怎么用听觉来观察小乌龟呢？试着问问自己：听过它爬行的声音吗？注意过它翻倒在地的声音吗？如果用心去倾听，可能会写出

[1] 郭风. 搭船的鸟//语文：三年级上册. 北京：人民教育出版社，2018.

这样的片段——

我在做语文作业，家里很安静，却听到客厅传来“砰”的一声，有些沉闷的声音。到客厅一看：小乌龟摔了个四脚朝天，一边使劲蹬四条腿，一边呼呼喘粗气。

见思维导图 1–2：乌龟摔了个四脚朝天。

作家张爱玲在《花落的声音》[1] 一文中精妙地写出了声音——

起先是试探性的一声“啪”，像一滴雨打在桌面。紧接着，纷至沓来的“啪啪”声中，无数中弹的蝴蝶纷纷从高空跌落下来。

那一刻的夜真静啊，静得听自己的呼吸犹如倾听涨落的潮汐。整个人都被花落的声音吊在半空，尖着耳朵，听得心里一惊一惊的，像听一个正在酝酿中的阴谋诡计。

（3）鼻子闻——嗅觉

你的鼻子要像狗鼻子一样灵敏，这样才能在生活中捕捉到更多的写作灵感。

当你去别人家做客时，一进门就闻到咖啡的香味，说明这户人家或许活得很精致，带着文艺小清新，懂得经营生活；如果你闻到中药味，而且遍布各个角落，说明这户人家或许有一位慢性病人，经常吃药。后续的观察，证实你的猜测是对的。如果在写人写事作文中，前面有一两句这样的交代，就是精彩的观察和伏笔。

余光中在《听听那冷雨》[2] 一文中，用嗅觉写雨，写得非常

[1] 张爱玲. 花落的声音//《读者》杂志社. 时光荏苒，我自清欢.长春：时代文艺出版社，2016.

[2] 余光中. 听听那冷雨. 北京：中国友谊出版公司，2019.

思维导图 1-2　乌龟摔了个四脚朝天

生动——

雨气空濛而迷幻，细细嗅嗅，清清爽爽新新，有一点点薄荷的香味，浓的时候，竟发出草和树沐发后特有的淡淡的土腥气，也许那竟是蚯蚓和蜗牛的腥气吧……

如果你家有小乌龟，你用鼻子能感受到哪些细节？或许你闻到鱼缸里的水有些发臭的味道？或许你拿着不同味道的食物给它，它的反应明显不一样？

有一天，我撒龟粮，闻到一种发霉的味道，没怎么在意。可是，小乌龟爬过来后，闻闻龟粮就走开了，连着三天都不吃。

我凑近鼻子闻，发现霉味是龟粮发出来的，再翻开一看，上面长了白色的霉。我拿了几块虾皮，白白嫩嫩的，带着一股清淡的海鲜气息。小乌龟闻到气味后，张大嘴一口向虾皮咬去。碰到大的，它就用前面的两只小肉爪把虾皮撕开，然后小嘴一张一合地吃。

见思维导图 1–3：小乌龟吃龟粮。

嗅觉不像其他感觉那么容易分类和表达。在作文中，写自己闻到的气味时，可以以产生气味的最常见的东西来命名，比如玫瑰花香、臭鱼烂虾的气味等。

（4）嘴巴尝——味觉

味觉，就是用嘴巴和舌头去感受甜、酸、苦、咸、鲜。生活中，我们要做个有心的好吃佬，品尝出不同味道的区别，在写作文时就能带动读者的味蕾。

假如妈妈最拿手的一道菜是红烧肉，吃得多了，就让你有了一

思维导图 1-3　小乌龟吃龟粮

种熟悉的感觉。某一天，桌上摆了一盘红烧肉，你一尝，一口断定这不是妈妈的手艺。味觉到了作文里，有时就不仅仅是一种味道，而且是味道背后一段刻骨铭心的时光，或是一个偶尔思念的人。我们越长大，越羞于表达对于某个人的思念，可是味觉不会撒谎，毕竟，它一直记得——我们所怀念的那种味道。

在一次作文课上，丁丁老师让孩子们品尝苹果的味道。一个四年级女孩很细致，竟然品出了 4 种味道。她拿到一片苹果，没有一口咬下去，而是从最外面的皮的位置开始品尝，这部分咬起来有点硬，嚼起来涩口。接着是靠里面一点的地方，比皮的位置要松软，汁水也多了，甜味沾着舌头。再到中间位置，肉质特别饱满而松软，轻轻一咬，汁水就从嘴巴里喷了出来，满嘴甜丝丝的味道。最里面的，不小心会咬到黑黑的苹果籽，肉质硬了不少，还带点苦涩；如果咬到苹果籽，苦味就更重了。见思维导图 1–4：苹果。

三年级的林承彦写过一篇作文《不可思议的味道》，写自己有一天突发奇想，想尝尝尿是什么味道。那天，他的尿是黄色的，苦涩、刺鼻。后来，他又想尝尝白色的尿，于是几天里大量喝水，尿出了白色的尿，尝了后发现是碱性水的味道。这里的味觉观察带来了完全不一样的作文体验。

再举个杨梅的例子，如果没有调动味觉细细品味，可能就是简单的一句：杨梅的味道很甜，我很喜欢吃。怎么个甜法？吃多了会怎样？这些都不清楚。

人教版部编本小学语文课文《我爱故乡的杨梅》[1]，其中有一段是这样写味觉的——

[1] 王鲁彦. 我爱故乡的杨梅//语文：三年级上册. 北京：人民教育出版社，2018.

思维导图 1-4　苹果

没有熟透的杨梅又酸又甜，熟透了就甜津津的，叫人越吃越爱吃。我小时候，有一次吃杨梅，吃得太多，发觉牙齿又酸又软，连豆腐也咬不动了。我才知道杨梅虽然熟透了，酸味还是有的，因为它太甜，吃起来就不觉得酸了。吃饱了杨梅再吃别的东西，才感觉到牙齿被它酸倒了。

这段文字非常生动，写出了味觉的层次感。当你面对某样食物时，可以试着这样去描写。

（5）身体触——触觉

物品在你手中、脚底或者跟你的身体接触，你会感受到它的软硬、冷暖、干湿并产生疼痒之感等。写出触觉，能更好地让别人感知到物品的状态。

用手去摸摸小乌龟，会是怎样的感觉？

软硬——小乌龟的壳硬硬的，像一块石头。我总喜欢去敲敲。一敲，它那软软的脖子就一缩，把脑袋给藏起来。

冷暖——即使是夏天，你摸摸它，也是冰冷的，怪不得大家说它是冷血动物。

干湿——小乌龟很喜欢晒太阳，一从水里钻出来，就趴着晒，硬要把身体晒得干干的，跟石头一样。

疼痒——训练小乌龟爬，它从我的手掌一直爬到手臂，慢吞吞地，每爬一下，就留下一道水印，四条腿挠得我痒痒的。有一次，我刚捏着龟壳，想把它拿起来，不知那天怎么了，它竟然扭头轻轻咬了我一口，咬出了两个小牙印。我赶紧撒开手，还好没流血，但还是挺疼的。

见思维导图 1–5：触觉。

思维导图 1–5　触觉

用触觉来写，有更多的互动在里面，你会发现动物或植物的一些变化，这样你就能在变化中写出它们跟平时状态的不同之处。比如你被小乌龟咬了一口，这是静静地观察所捕捉不到的细节。

五官观察法多是综合使用的，除非有些物品不能用嘴巴去品尝，比如喂养的小乌龟。写的时候，尽可能调动多种感官，让各方面的感觉更灵敏，这样你不但写出的字数多了，而且能准确抓住写作对象的特征，写出生动的作文。

这一讲中，我们多次用到小乌龟的例子，如果把这些段落组合在一起，就是一篇不错的小乌龟观察作文。有了这样的观察力，再加上一个生动的故事，就是一篇精彩的作文。

2. 怎样用好观察

英国有位著名科学家叫达尔文。他从小就热爱大自然，喜欢观察花草树木怎样生长、鸟兽虫鱼怎样生活。一个同学曾经对他说："你把时间都浪费在没有用的玩意儿上了！"后来，达尔文谈起这件事，说："我觉得那不是没有用的玩意儿。在大自然中，我学到了许多有用的知识，它使我走进了科学的大门。"

1828 年的一天，在伦敦郊外的一片树林里，达尔文正围着一棵老树转悠。他发现快要脱落的树皮下有虫子在蠕动，于是急忙剥开树皮，发现两只奇特的甲虫正往外爬。达尔文马上把它们一手一只抓在手里观察起来。正在这时，树皮里又跳出一只甲虫，他迅速把一只手里的甲虫塞进嘴里，伸手又把第三只甲虫抓了过来，专心地观察。谁知，达尔文嘴里的那只甲虫憋得受不了了，便放出一股辛辣的毒汁，弄得他的舌头又麻又痛。后来，人们把达尔文首先发现的这种甲虫命名为"达尔文"。

达尔文在长期的科学研究工作中，观察过许多动物和植物，积累了大量的第一手资料。对你来说，要写好作文，也要像达尔文一样，静得下心来，仔细观察周围的一切，练就火眼金睛。

（1）动态观察，写出变化

作文要写得有跳跃性、有活力，人和事物就要动起来。动态观察，就是观察事物在运动状态下的特点。动态较静态更能显示出事物的性质和特征。比如，人睡着时区别不大，一旦让他们行动起来，像上台表演，他们的站姿、体形、眼神、手势等就都不一样了。是大方还是轻浮，是拘谨还是老练，这个时候全部体现出来。

抓住动态来观察，需要在转瞬之间就能准确及时地把事物的动态捕捉住，所以，一要反应敏捷，二要善抓重点，三要能透过“形”抓住“神”。

动态观察的重点是找到变化。变化就意味着不同，每一个时间段都会有不同的景象，需要你在每一个时间段都认真细致地观察并做记录。具体来说，有两方面：

1）不同时间

当你观察一株花的时候，它从早上到晚上不同时间段的变化是怎样的？有时，你还可以拍下照片，来一一对比，看看露水的区别、光线的区别，还有花朵的状态变化。见思维导图 1–6：花。

当你种下一颗种子，连续观察一个月，种子会有怎样的变化？一年四季，它又有怎样的变化？不同季节的风、阳光，不同的舒适度，它有哪些不同？

当你观察一个人的时候，观察一下：他在生气的时候表情是怎样的？在高兴的时候，他的表情又是怎样的？忧郁的时候呢？

当你观察一件事的时候，观察它是怎么开始的，又是怎么进行的，最后是怎么结束的。这里面有哪些变化？

这些都需要做好基本功的训练，在观察过程中做好记录。记录

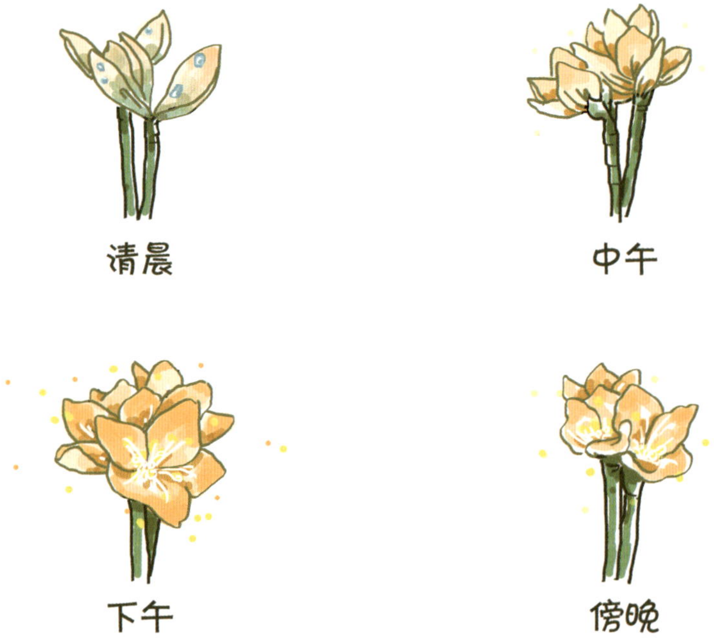

思维导图 1–6　花

做多了，这些细微的变化就自然而然被捕捉到了。

下面是一位小学生写的一篇观察日记——

> 今天早上小猫在叫。喵、喵。到了晚上，我就和弟弟睡觉了。

从早上到晚上的经历，用了36个“喵”完成，这里就没有做动态观察，没有找到变化。

如果你留意的话，会发现虽然都是“喵”，可含义大不一样。

①当你侵犯了猫的领土或是它自身受到威胁时，它会对你先发出一种低沉的“喵喵”的警告声。如果你依旧“进攻”，它就会发出“哈”的一声，这是最后警告。接下来，倒霉的就是你了——肯定被挠了。

②小猫在夜晚或者孤独的时候发出“喵”的叫声，这不是因为饿，而是跟孩子闹瞌睡一样，需要安抚，在寻找妈妈。你可以上前轻轻安抚它，它就会跟你更加亲近。

③年纪大的猫发出急促的“喵喵”叫声，说明它心情烦，最好不要招惹它。

④一大早，猫就会“喵喵”地叫，那是叫你给它倒猫粮——它饿了。

当有了这些细致的观察，再写进作文里，不就是一篇精彩的观察日记吗？

2）不同空间

同样一株花，你从左边来观察，和从右边来观察，因为光照和看到的部分不同，就会有不一样的发现，这就是空间上**角度**变化的结果。

同样，种下一颗种子，你在家里观察，然后把它连同花盆一起捧到外面院子里观察，也会有不一样的发现，这是空间上**地点**变化的结果。

一个人站在你面前，你先扫一眼他的头发、眼睛、鼻子，再看他的裤腿和鞋子；或者换一顺序，先看鞋子和裤腿，再看上身，最后看鼻子、眼睛、头发，看到的感觉可能又会不同，这是空间上**顺序**变化的结果。

要注意的是，顺序和角度是不一样的，改变顺序的时候，你作为观察者，位置是相对固定的，只是在同一个观察位置上，按照不同的顺序来观察，可能第一次是从上到下来观察，第二次则变成从下到上。而角度的变化，需要你改变自己的位置才能实现。

当我们把不同时间和空间的观察方法用到作文里，就会大致触摸到一定的规律。

写景物，可以利用四季的变化或早晚的变化加上观察顺序、角度的变化，能展示出生长的感觉。

比如人教版部编本小学语文课文《画杨桃》[1]，讲的是图画课上练习画杨桃时发生的事情。“我”根据自己看到的，把杨桃画成个像五角星的样子，同学们觉得好笑。这恰恰是会观察的人，忠实于自己的观察结果，而不是按照印象来画画和写作。见思维导图 1–7：杨桃。

写事情，则可以利用从开始到结束的变化加上观察地点的变化，这样就能写出故事的波折。

写人物，可以在事情发展过程中加入对人物外貌的观察，而不是死板地在第一段就把外貌写完。动态呈现出人物外貌，会显得更真实而生动。

[1] 岑桑. 画杨桃//语文：二年级下册. 北京：人民教育出版社，2017.

思维导图 1-7　杨桃

（2）联想观察，情绪飞扬

动态观察之后，就要放飞情感和思绪，此时 A 不再是 A，要变成 B 或者 C，这就是联想。

一二年级的孩子，用一两句话就把一幅画描述完了，这是一个比较普遍的现象，问题就出在不会联想观察。

比如老师给大家一张图片，上面有两个小朋友在植树，小红扶着树苗，小明铲土。老师问：仔细观察小红的动作和表情，猜猜小红会想些什么？有孩子回答：我又不是小红，我怎么知道她想什么？

观察的时候，我们要走进画面，走进具体的物品中。你就是物品，你能感受到冷热、疼痛等，这样才能进一步激起联想。联想的部分主要来自人的情绪。喜怒哀乐，都是自五官产生的情绪。比如一朵白云，仔细观察后，我们会联想到棉花糖，甚至想咬上一口。见思维导图 1–8：联想观察。

在观察一朵花时，你写下一句——

> 看到一朵花正在迎着阳光开放，一只小蜜蜂闻到花香也飞了过来。

如果动用了眼睛和耳朵观察，那分别会出现怎样的情绪和场景呢？眼睛感受到花儿像个可爱的孩子一样，露出它的笑脸，在逗你开心一笑。耳朵听到蜜蜂和花儿在说悄悄话。再来扩展这一句，可能就是这样的——

> 一朵花迎着阳光开放，像个可爱的孩子，露出笑脸，本来还有点伤心的我，被它逗得笑了起来。一只小蜜蜂闻到花香，也“嗡嗡”地飞了过来。我仿佛听到花儿轻轻地说：“快来吧，我的蜜最甜了。”蜜蜂像听懂了一样，径直停在了花蕊上。

思维导图 1-8　联想观察

这种观察就需要动脑筋，不断跳跃，从一个点跳到另一个点，一般会使用比喻或拟人的修辞手法。

湖北省武汉市武汉大学第二附属小学四年级的李睿涵在《养蚕记》中有这样一段联想观察——

> 它们蜕过三次皮：蜕的时候身子不断扭曲，旧皮像火箭一样冲上“天空”。它们越来越像是涂了防晒剂，原来被“晒”得黑似土，现在竟然雪白雪白！一个个蚕一直“哗哗”地吃桑叶。桑叶原先水嫩多汁的，被蚕宝宝们一顿侵袭后，像是被榨汁机榨过汁一样，一触即碎。蚕挺着二三厘米的长肚子，向前行军，让我忍不住想摸：我感觉像玩了跳跳床一样。要是蚕再多一些，都可以当枕头来躺着睡觉似的。

再比如看到一支铅笔，你联想到什么？可能想到了古代人拿着刀子刻字；或者想到人的品质就像笔直的笔杆一样，要正直；又或者想到了铅笔在使用过程中会越来越短，就像是我们的人生，所以在有限的生命里不可虚度光阴。

简单说，就是把“静止的”想成“运动的”，把“无声的”想成“有声的”，把“无生命的”当作“有生命的”，把“不会讲话的”当作“会讲话的”。合理的联想，能使观察的对象变得生动形象。

（3）解剖观察，由外及内

解剖观察，是一种破坏性观察，通过改变观察物的形状、性质等，来更好地了解观察物。

比如一杯水，当你加热之后，看水有什么变化；或者放进冰箱里，再看看变化。一根小木棍，当折断它时有怎样的声音？它断后的状态又是怎样的？西瓜不知道熟透了没，凿个小洞看看。时钟总在那儿滴滴答答地走，你想把它拆开，看看里面到底是怎么工作的。见思维导图 1–9：解剖观察。

在做这些“破坏”的时候，你已经完成了从外到内的深入观察。不过，这些“破坏”不是去伤害人或者动植物，而是在允许的范围内勇于打破束缚，观察到不一样的内容，更是培养创造力最好的方式之一。

比如燕子，大多数孩子都会从活泼可爱、勤劳的角度来观察，可是如果换一种“破坏”的方式，而且这种“破坏”又不是残忍的方式，看看效果会怎样。

“啪嗒”“啪嗒”，几滴较稠的白里带点黑的“液体”，从我的头顶上落下来，打在地上。

“啪嗒”“啪嗒”，又滴了几滴。这是什么东西？怎么有点像石灰水？

我蹲下身子，仔细瞧了瞧。此时，我的手已经不听话地挪到那团“液体”旁，刚要碰到，只听奶奶一声大叫：“莫碰！脏！”铁绳上的燕子一哄而散，可是我的手还是碰到了那团东西。

“啊！”我举起那根手指，可怜巴巴地望着奶奶。

“哎呀！瞧你！”奶奶说着，就如同托着一颗名贵的宝石一样，托着我的手进了厕所。

奶奶告诉我，那是燕子屎，不干净，不能碰。她怕再闹出那种事情，每逢燕子停在晾衣绳上，就挥动着手说：“去！去！”

——《燕子》（王婉清　湖北省武汉市洪山实验外国语学校六年级）

儿童教育家陈鹤琴说：“给孩子一片破坏的天空吧，小孩爱破坏，失去的只是可估量的价值，而得到的却是小孩一生受用不尽的无穷财富——思考、创造和智慧。”

思维导图 1-9　解剖观察

动笔写一写

1. 闭上眼睛5分钟，记下耳朵听到的声音，试着把这些声音用眼睛所见的画面描述出来。100字以上。

2. 从冰箱里拿出一个冰淇淋，动用你的五官去感受，从眼睛、鼻子到手再到嘴巴，一一去感受，并把整个过程记录下来。300字以上。

（二）名篇精读 大自然是一本写作的教科书

暴风雨[1]

拉法埃莱·费拉里斯

闷热的夜，令人窒息，我辗转不寐。窗外，一道道闪电划破漆黑的夜幕，沉闷的雷声如同大炮轰鸣，使人悸恐。

一道闪光，一声清脆的霹雳，接着便下起了瓢泼大雨，宛如天神听到信号，撕开天幕，把天河之水倾注到人间。

狂风咆哮着，猛地把门打开，摔在墙下，烟囱发出呜呜的声响，犹如在黑夜中抽咽。

大雨猛烈地敲打着屋顶，冲击着玻璃，奏出激动人心的乐章。

一小股雨水从天窗悄悄地爬进来，缓慢地蠕动着，在天花板上留下弯弯曲曲的足迹。

不一会，铿锵的乐曲变成节奏单一的旋律，那优柔、甜蜜的催眠曲，抚慰着沉睡人儿的疲惫躯体。

从窗外射进来的第一束光线，报道了人间的黎明。碧空中飘浮着朵朵白云，在和煦的微风中翩然起舞，把蔚蓝色的

[1] 费拉里斯. 暴风雨. 李国庆，译. 读与写（小学中高年级版），2013（4）. 本文被选为西南师范大学出版社《语文》第十二册的课文。

天空擦拭得更加明亮。

鸟儿唱着欢乐的歌，迎接着喷薄欲出的朝阳；被暴风雨压弯了腰的花草儿伸着懒腰，宛如刚从睡梦中苏醒；偎依在花瓣、绿叶上的水珠，金光闪闪，如同珍珠闪烁着光华。

常年积雪的阿尔卑斯山迎着朝霞，披上玫瑰色的丽装。远处林舍闪闪发亮，犹如姑娘送出的秋波，使人心潮激荡。

江山似锦，风景如画，艳丽的玫瑰花散发出阵阵芳香。

绮丽华美的景色啊，你是多么美好！

昨晚，狂暴的大自然似乎把整个人间毁灭，而它带来的却是更加绚丽的早晨。

有时，人们受到种种局限，只看到事物的一个方面，而忽略了大自然整体那无与伦比的和谐的美。

1. 名家简介

拉法埃莱·费拉里斯（1876—1923 年），意大利著名作家。他的作品从现实出发，写人生悲欢，影响很大。主要作品有《面对自然的思考》等。

他的另一篇很有名的散文是《橡树——生与死相互交替的规律》，也是在副题中就点明了文章的中心。手法上，也是记叙、描写与抒情紧密结合，渲染、映衬与对比同时运用。结尾处写道：幼小的橡树长出第一批嫩叶，又把枝条向四处伸延，转眼之间填补了你留下的空间。茁壮的幼苗变成参天大树，孩子们又会在它的树荫下嬉笑、玩耍，成年人又会在那里歇息、畅想。这篇散文用这个结尾，告诉我们新老交替、生死交替是不可改变的自然规律。由物及人，人亦如此。

2. 思维导图

见思维导图 1–10：暴风雨。

3. 导图解读

（1）思想角度解读

一场暴风雨，作者不仅细致观察，还产生了联想，并感悟出道理。整篇文章的主旨在于最后两段，赞美大自然那种整体和谐感。没有昨夜的暴风雨，就难以体会到雨的柔和之美、感受到阳光总是在风雨后的道理。这也是拉法埃莱·费拉里斯作品的特点——通过自然现象来描述自然界的神奇和魅力。

文章有状物，有抒情，但状物抒情都不是目的，目的是从感物悟情上升到明理的高度，由形象思维转入深层次的哲学思考。这就构成了状物明理、寓理于物的构思特点，体现出作者善于从习以为常的自然现象中抽象出审美规律的深邃的思考力。

（2）文章布局解读

整个文章分为四个部分——雨前、雨中、雨后和感悟，重点在雨中和雨后，过程清晰，感悟则点到为止。

①雨前。第一段的两句话很简洁，抓住了雨前的主要气象特色，共同特点是前面写所观察到的，后面写“我”的感受和动作。

第一句，重点是闷热，“我”辗转不寐。

第二句，重点是闪电和雷声，“我”感到悸恐。情绪的程度加深了。

②雨中。用五段展示了雨中的详细过程。第二段写大雨降临，第三段写狂风，第四段写大雨敲打屋顶、冲击玻璃，第五段写一小

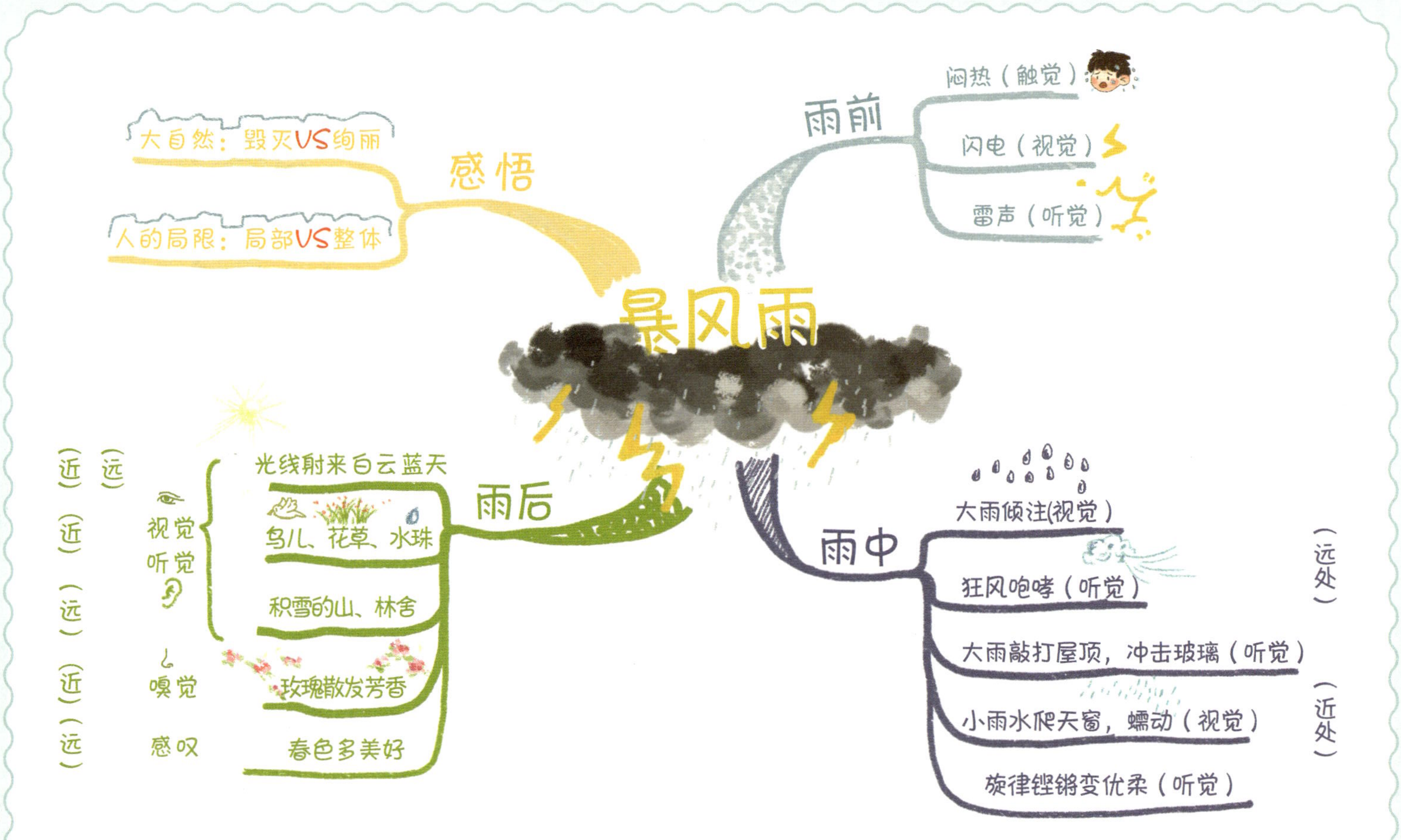
暴风雨
雨前
闷热（触觉）
闪电（视觉）
雷声（听觉）
雨中
大雨倾注(视觉）
狂风咆哮（听觉）
大雨敲打屋顶，冲击玻璃（听觉）
小雨水爬天窗，蠕动（视觉）
旋律铿锵变优柔（听觉）
（远处）
（近处）
雨后
光线射来白云蓝天
鸟儿、花草、水珠
积雪的山、林舍
玫瑰散发芳香
春色多美好
视觉
听觉
嗅觉
感叹
（远）
（近）
（近）
（远）
（近）
（远）
感悟
大自然：毁灭VS绚丽
人的局限：局部VS整体

思维导图 1-10　暴风雨

股雨水，第六段写雨的旋律变得优柔。雨在这里是从远到近，一步步到“我”身边，声音从铿锵到甜蜜，让“我”害怕它消失。

③雨后。第七段到第十一段，这是转折部分，跟雨前和雨中形成强烈的对比，为感悟埋下伏笔。第七段写光线，雨已经停了，蓝天再度回来。第八段写鸟儿、花儿、水珠的可爱和美丽。第九段写远处的山和林舍一幅全新的模样。第十段写整体感觉和鼻子闻到的气味。第十一段直抒胸臆，写面对景色的感叹，强化美感的魅力。

④感悟。第十二段和第十三段。第十二段就暴雨前后的对比抒发感悟。第十三段跳出大自然，写到人的认识的局限性，传递出辩证的认识观。

（3）观察技法解读

大自然是一本写作的教科书，里面藏着观察的各种奥秘。只要你走进大自然，动用五官，就能感悟出不一样的自然。《暴风雨》无疑是观察方面的典范之作。

1）动态观察，五官齐争功

这篇文章运用动态观察，从时间角度写了雨的变化。作者综合运用人体的感官，除了没有用嘴巴去品尝雨水之外，其他的如耳朵、眼睛、鼻子、身体都全方位感受到了这场暴雨，并观察到了层次的变化。

比如雨的状态变化，一开始是“撕开天幕，把天河之水倾注到人间”，写出了雨之大。接着，“大雨猛烈地敲打着屋顶，冲击着玻璃”，写出了雨的凶猛。然后，“一小股雨水从天窗悄悄地爬进来，缓慢地蠕动着，在天花板上留下弯弯曲曲的足迹”，写出了雨的可爱。最后，“偎依在花瓣、绿叶上的水珠，金光闪闪”，写出了雨的美好。这里同时用到了视觉和听觉来观察。

2）观察顺序灵活

雨中部分，先从远处观察，再到近处，这符合人在雨中的感受：闪电和雷声之后，才会触摸到具体的雨。

最精彩的地方是雨后部分，远近交替观察。先近写光线射进来，再远写白云和蓝天；马上转到鸟儿、花草和水珠，这是近处所观察到的；再转到远处积雪的大山和林舍，感受雨后的清新；最后又转到近处玫瑰花散发的芳香。

这种交替让文章很跳跃，把那种不管从哪个角度观察，都能感受到舒服、体会到美的情感精准表达了出来。正如觉得一个人很好，就会觉得没有一个角度不完美一样。

3）观察中带入联想

在观察实物的基础上，加入联想，句子就会变得生动，也拉近了实物跟读者之间的距离，让读者可以具体感知到这一实物。

比如“沉闷的雷声如同大炮轰鸣”，从雷声联想到大炮，读者脑海中呈现的图像就会更具延展性。

“接着便下起了瓢泼大雨，宛如天神听到信号，撕开天幕，把天河之水倾注到人间”，后面一连串联想出来的动作，让读者脑海中形成了一幅幅画面，就像看到下雨时天神的动作。

“被暴风雨压弯了腰的花草儿伸着懒腰，宛如刚从睡梦中苏醒”，联想的部分让花草都散发着萌萌的味道。

这篇文章里几乎每句实物观察的后面都跟了一句联想，有比喻、有拟人，文字之美就在这样的段落中体现了出来。

4）感悟出厚重的哲理

一般的观察作文就是写当前，而没有去想背后的哲理。当然，这跟作者的思想深度有关——是否能从常见的自然现象中感悟出不一样的道理，发现大自然的深层奥秘。但是，感悟部分又不能太长，那样就把观察当成了佐料而不是主菜。这篇文章的感悟就两点，文字精当，意思贴切。

4. 我要怎么学

（1）蹲在那儿慢慢观察，找到变化

不管是观察自然现象还是观察动植物，都请你先静心，蹲下来，一点点看它的变化，并随时记录下变化的细节。

比如去看日出，从一开始的灰蒙蒙到慢慢露出亮光，再到太阳跳出海平面，每一个步骤都用心观察并记录下来。如果有可能，还可以用摄像机拍下整个过程，后续不断欣赏，了解日出的整个变化过程。

（2）带上五官全方面感受，找到不同

观察任何一类事物，都试着从不同的角度，动用不同的感官，看看有什么不一样。看似简单的一句或几个词的不一样，或许就是观察中最大的亮点。

比如观察一个苹果，你咬一口，发现跟其他苹果不太一样：硬硬的，有点磕牙。这 7 个字写进作文里，就是精彩之笔。

（3）学会从事物中跳出来，想起别的

一边观察，一边可以用嘴巴来描述。可是，不能仅仅停留在这里，还要放飞你的思维和情绪：你能想起别的什么，或者觉得这个像什么。每次都问问自己，笔下的文字就有了跳跃性，有了更大的想象空间，让观察变得更生动和有趣。

比如你咬下那个有点磕牙的苹果，想到：像咬一块小石头，不过还好，味道甜丝丝的。从苹果就跳到了小石头，脑海中的画面就

多了，事物也变得更清晰。

（4）抒情之外能感悟，有点深度

观察中会带着情绪，如喜欢或厌恶，这类情绪可以直白地说出来。要是在情绪之外还能悟出一点道理，那就有了思想的深度。其实，万事万物每天都在发生变化，就是用自己的形态和经历给我们讲述一个又一个的道理，只是这个道理需要静心才能体会到。

比如，观察云雾的千奇百变，你会感悟出生活就是一个魔法师，给人以莫名的惊愕和喜悦。

动笔写一写

我们寒暑假经常会去各地旅游。这一次，到了景点之后，学着慢下来，不跟着旅行团大部队走马观花，而是静静地观察，打开你的五官去感受自然美景，并记录下全过程。把它写成一篇作文，题目自拟，450字以上。

（三）学生习作

我打通了五官，走进神奇的世界

学习完《暴风雨》，对照文字画了思维导图，试着理解了作者安排文章的内在的逻辑和观察的技法后，我们需要动笔写一写，写下自己在生活中仔细观察过哪些事物，并且打通五官去感受。就像走进了一个神奇的全新世界，在作文里写出观察的变化和感悟。

1. 写物作文怎么观察

实物观察，就实施来说，相对简单一些。因为它是静止的，观察可以随时随地进行。今天你可以握着苹果观察，明天你还可以继续握着它观察。这是观察的基本功，训练多了之后，当你遇到转瞬即逝的现象时，不至于什么都没观察到。

我的山竹

李悦瑶

湖北省武汉市育才可立小学四年级

每个同学都可以得到一样物品，而我拿了个大山竹。它的颜色很深，是黑色，又有点紫红色。

“头”上有一个小拇指那么粗的杆，比圆珠笔的笔盖短一点，靠近下面的是嫩绿，而上面是咖啡色的。

最下面有一朵“小花”，我妈妈告诉我，这朵“花”有多少片“瓣”，就有多少瓣山竹果肉。用山竹敲击桌面，会发出“咚咚”的声音。

我立马打开了它。

其实，用手把它抓住，用力一捏就开了，不用刀切。捏着的时候，还以为很粗糙呢，不料发现很光滑平整，还不黏手。

我闻了闻手，“呸呸！”真难闻。气味奇怪极了，就像是捏爆的烂野果。

汁水滴在我手上，紫红紫红的，就像它的外壳。我把它吸进了嘴里。

“什么味呀！苦苦的，跟壳一样的气味，不好吃！”

我看着那桔子般一瓣一瓣的、白白的山竹肉，口水都快流出来了，于是就拿出一瓣，咬了一口，接着放进嘴里。转眼间，那瓣山竹就不见了踪迹。

酸酸甜甜，真美味！

山竹壳里有一些“小金毛”，短短的。

我接二连三地，吃光了山竹。只剩一个空壳在桌上滚动。

它的皮厚厚的，放久了还很臭。

我的山竹挺有趣，还很好玩、好吃！

①开笔简洁，学到了《暴风雨》的方法，简单交代接下来将要详细描述的物。

②动用了五官全方位观察，先写眼睛所看到的色彩、形状等，再写耳朵听到“咚咚”声，接着写手摸，然后写鼻子闻到像“捏爆的烂野果”，最后写用嘴巴品尝到的“酸酸甜甜”。最精彩的是颜色，比如“颜色很深，是黑色，又有点紫红色”“靠近下面的是嫩绿，而上面是咖啡色的”，观察得很仔细。

③解剖式大胆观察。先是用山竹敲击桌面，然后又去尝外壳的汁水，带着好奇，感受到了别人没感受到的东西。

④句子和段落之间稍微感觉有些零散。此外就是味道这一方面写得太少了点，只用了“酸酸甜甜”四个字，没有写出山竹跟其他水果味道上的不同。

2. 动物作文怎么观察

如果你对着一只动物观察，它可就不像物品那样静止不动了，这就让观察有了难度。不过，作文就是这样，有了难度，也就有了更多可写的内容，可以把动物的动态展示得更清楚，还可以写出不同时间、不同场合的不同动作，写出多面立体的性格。

“闹钟”

彭婧雯

湖北省武汉市青山区钢城一小五年级

它把前面两只白白的小爪搭在我床前，翘起屁股，眯着眼睛，打了一个大大的哈欠，露出几颗尖牙齿，再睁开眼——

“喵——”

我的一天就是从它的叫唤开始的。只要它一出声，我就醒了，那叫唤比闹钟还灵。我若赖在床上不起来，它就蹲下来，抬头看着我，眨巴眨巴眼，又发出嫩幼的叫声，一直到把我叫到没了睡意，起了床，它才一声不响地回到自己的小窝，打了打哈欠，自己睡了。

它就是个大饼脸，鼻子塌、很短。一吃饭，食物就弄到了鼻子里、眼睛里，眼泪就不停地流，还打喷嚏。我不知道内情时，总担心地问：“妈，它是不是感冒了？”“妈，它怎么哭了？”这时候，它就慢慢地走过来，在我脚边蹲下，抬头望了我一眼，用鼻子蹭我的脚脖子，弄得我那儿湿漉漉的。过了一会儿，它见我不理它，就用“闹钟叫声”提醒我。呵，它要我抱它呢！

那天，我一醒来，就知道出事了——它竟没来叫我，妈妈都在厨房做早餐了。

我穿好衣服，见它还没来，下床时摔了一跤。我急急忙忙爬起来，一脚重一脚轻地来到厨房里：“妈，猫呢？”

妈妈停下手中做的事，回过头，对着门外叫了一声它的名字：“球？你在哪？”

我望着转角处，等了半天，好像看见一个头探出来了，一眨眼，又不见了。

“球球！球球！”我跑到它的小窝——里面空空的。我跑到沙发边，弯下腰，往里面看，“球！球！”

我又转过身，向四周望了望，好像每个角落里都闪过了它的身影，又突然消失了。

“球球！”我望向阳台，一眼看到它。可走近一看，才发现是一个塑料袋。

这时，“闹钟”响了，似乎被关在了某个地方，声音闷闷的。

“你不会钻缝里去了吧！”我循着声音，把脚踏得啪啪直响，那“闹钟”声一声比一声大。我跑到厨房，一拉开柜子，一个身影窜了出来，扑到我怀里。它竟跑到柜子里去了。

瞧，它又流泪了，哭得好伤心！我把它抱到怀里，轻轻地抚摸着它。

又是一天，它把前面两只白白的小爪搭在我床前，翘起屁股，眯着眼睛，打了一个大大的哈欠，露出几颗尖牙齿，再睁开眼——

“喵——”

听，“闹钟”又响了。

①动态观察用得很好。一开笔就是动态观察，从“搭”“翘”“眯”“打”“露”“睁”几个动态的样子，再写到叫声，把小猫可爱的一面生动呈现了出来；没有蹲坐在那儿，描绘一只死气沉沉、一动不动的猫。

②观察懂得主次的取舍。一般作文写猫，肯定会写到猫的长胡子、尾巴、静悄悄走路，可彭婧雯这篇里都不写，主要抓住叫声、打喷嚏、流眼泪等特征（在她看来，这些是她这只猫最特别的地方）。在作文的结构安排上，也体现了这一点，题目是《“闹钟”》，抓住了叫声：开头重点写叫声，结尾又呼应开头的叫声。

③在故事中观察。作为一篇作文，最好要有故事，如你和某个

物品或者动物有交集，有情感的投入，这样写来才会更感人。作文里写找猫的过程，字数多，过程详细，细节丰富，并带出了观察到的声音、动作等。

3. 写景作文怎么观察

写流动变化的景，就要细致观察过程，写出这种变化。比如日出、暴风雨等，过程顺序要清晰，重点要突出。《暴风雨》就属于这一类。看看孩子是怎么模仿和借鉴的。

日出

李佾宸

湖北省武汉市光谷第四小学三年级

“宸宸，起床了，都快 4 点 50 啦！”

“啊？这么早干什么？”我疑惑不解地问道。

“你忘了啦？我们不是说要看日出吗？”我顿时想起来了。半眯着眼睛，一个鲤鱼打挺跳下了床，拉开窗帘环顾四周。四周全是黑的，只有几户人家亮了灯。看了看手表，现在才 4 点 45 分。我迅速洗漱完毕后，吃过早餐，就和爸爸妈妈上了一辆的士去东湖。

路上有点堵车，我们到的时候朝霞已经出来了，是渐变色，最上面是橙色，接着是胭脂色，最下面是蓝天的颜色。那时，路灯还亮着呢！周围很安静，能听见鱼跳出水面的声音，也没有什么汽车的喇叭声。湖水周围的景象都映在了湖里，美极了。湖水就像一面镜子，把周围一景一物一个不落地映在自己身上。

呀！一转眼，橙色变多了。这是为什么？我想，太阳应该从胭脂色里出来的。是不是太阳太喜欢橙色了，想要橙色多一点？在朝霞旁时不时会有鸟儿飞过，应该是大雁吧，因为它们时而排成“一”字形，时而排成“人”字形。看，还有一只“掉队”了呢，它们的背影是成“Y”字形的，真有趣。

橙色的范围越来越广，越来越亮了。怎么太阳还没出来呀？都等了一个钟头了，周围来的人也渐渐多了，有的人一直举着相机，在拍视频；有的人和我妈妈一样，看到了美的景色就拍几张照片。爸爸是从头到尾一直在使劲拍的那种，也至少拍了 30 张。有的人和爸爸一样喜欢狂拍，不过突然停了。我仔细一看，才发现在湖边的山上还有些云朵，像是谁用白色的水彩笔多画了一笔，要是我是一只小鸟的话，我真想飞到云朵后面看一看太阳在干什么。它在刷牙？牙膏的泡沫就是洁白的云朵？它在吃早餐？它在玩玩具？不会还在睡觉吧？美丽的朝霞是它的被子？

汽车渐渐多了，路灯不亮了，鱼跳出水面的声音听不到了。

我目不转睛地盯着朝霞最亮的地方，因为我知道太阳就要从那里出来了。在短短的几分钟里，太阳先露了一丁点儿脸，后来又露出了一点脸。不知不觉中，太阳已经露出小半边脸了，很亮很亮。听爸爸说，太阳上升得可快了。果然，太阳又升起了一点儿，变得更亮了。随后，太阳完全升起来了，亮得眼睛都睁不开了。

有的人对着太阳拍了七张，有的人和自己的同伴谈论着日出的经过，而我和妈妈伸手隔着湖假装去捏太阳，让爸爸给我们照相。

啊！美好的一天开始啦！

①联想观察到位。如“太阳太喜欢橙色了，想要橙色多一点”。最精彩的是等了一个钟头后的一段，由白云想到了“白色的水彩笔多画了一笔”，再到我希望是只小鸟“飞到云朵后面看一看太阳在干什么”，然后猜想是在刷牙、牙膏泡沫是什么、吃早餐还是睡觉等。

②眼睛的观察用得好。日出这一自然景色，是最容易用眼睛去感受的，色彩也是变化多端的，所以李佾宸很好地写出了色彩感，比如一开始的天空“是渐变色，最上面是橙色，接着是胭脂色，最下面是蓝天的颜色”。

如果能在作文里用上鼻子去感受日出前后的气息变化，用皮肤去感受气温的变化，会更加生动。

③观察顺序清晰。这篇作文分为日出前、日出中、日出后三个部分，重点放在了日出前的等待和色彩的变化上。

《暴风雨》在结构上，雨前写得很少，而重在雨中和雨后，毕竟最精彩的就是你要去看到和感受的部分。另外一位作家巴金的《海上日出》，也是把重点放在日出上。小孩子写作文，一开笔都会写得很详细，当看到字数差不多了，后面就容易快速收场。如果能把日出的那一段详细写清楚，或许会为这篇作文增色不少。

不是所有人天生都会观察，而与此对应的观察力也不是与生俱来的。观察力是后天获得的一种能力，需要通过不断的学习和训练，才能一点一滴地累积和提升，它的基础是过去的知识和经验。要想让你的观察力变得更扎实，可以多走进大自然，睁开明亮的双眼去感受，让脚踩在大地上，让双手沾满泥巴，竖起耳朵倾听自然的呼吸，用舌头去品尝难以言表的美味，让每一寸肌肤感受大自然的抚摸。

动笔写一写

写家里最常见的一种水果，比如苹果、香蕉、菠萝等，动用五官细致观察，并写出观察中的故事。题目自拟，450字以上。

二

动 作

我们不做“木头人”

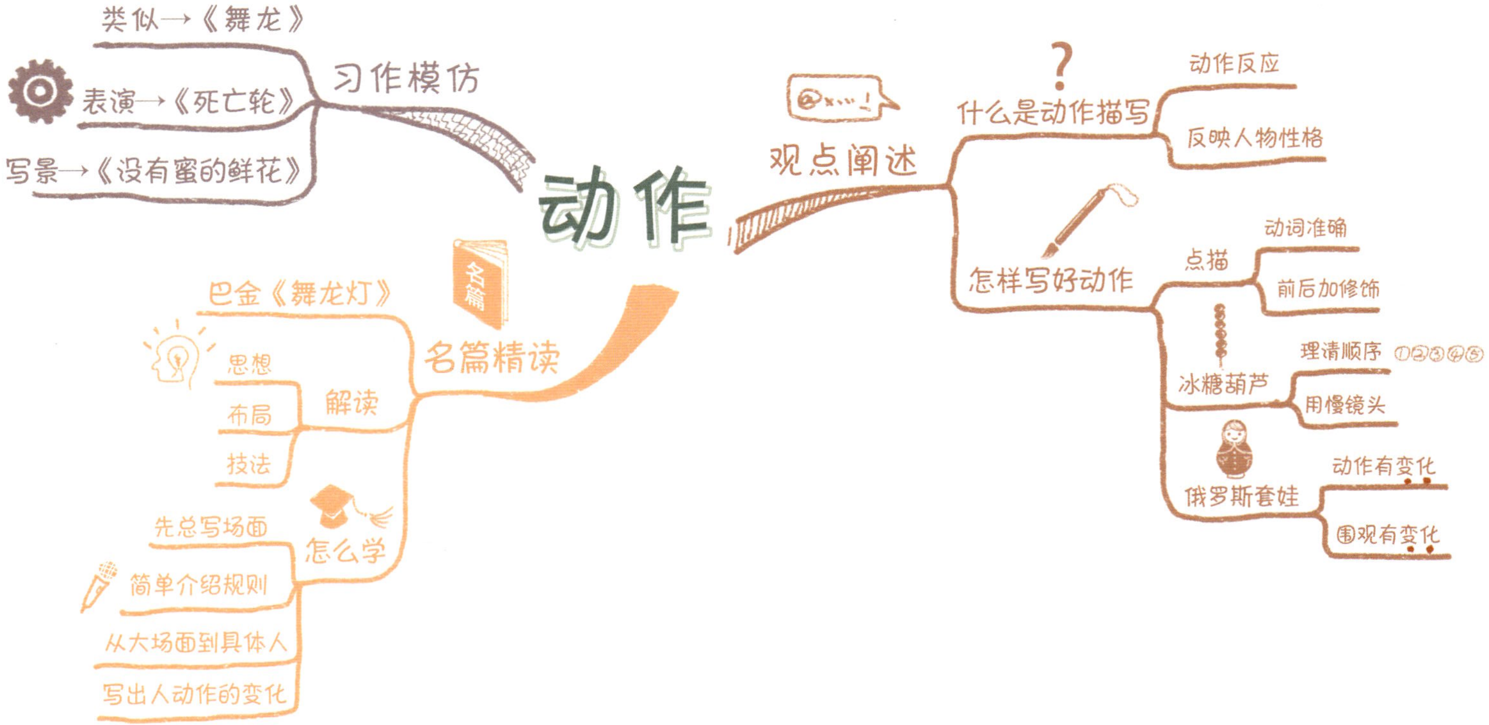
动作
习作模仿
类似→《舞龙》
表演→《死亡轮》
写景→《没有蜜的鲜花》
观点阐述
什么是动作描写
动作反应
反映人物性格
怎样写好动作
点描
动词准确
前后加修饰
冰糖葫芦
理清顺序
用慢镜头
俄罗斯套娃
动作有变化
围观有变化
名篇精读
名篇
巴金《舞龙灯》
解读
思想
布局
技法
怎么学
先总写场面
简单介绍规则
从大场面到具体人
写出人动作的变化

本章结构图

有次作文课，我让孩子们自己随意摆一个造型，不过要坚持三分钟。谁坚持到最后，谁就算胜利。

游戏开始！“一、二、三”，孩子们纷纷摆出有趣的姿势。可不到 1 分钟，一些孩子就坚持不住了，还振振有词：小孩子就喜欢动来动去，怎么能做“木头人”？

可就是这些生性好动的孩子，在作文里却甘愿做起了“木头人”。

写第一次炒菜——

我放好油，把菜倒进去，来回几次，好不容易才炒好。

一件很动态的事，原本应该看见一系列动作，让人感受到第一次的不易。可在这里，你什么都没看到，就像那一刻时间被定住，等法术解除后，一道菜已经摆在了你面前。

（一）观点要牢记

让人物“立起来”的绝妙三招

1. 什么是动作描写

人总是在运动的，所以写人就必须写到人的动作。即使卧病在床的人，也会翻动身体、抖动手脚、眨眨眼睛、动动嘴巴。

动作描写，就是具体细致地描写某一人物在某一情况下所作出的反应——主要是动作反应，显示出这一人物的内心活动、处世态度、思想品质。

作家高尔基说，“写人物要多行动少说话”。这样做，能更好地反映人物的性格。

比如，A 同学走进教室，步子很快，到了座位边，大大咧咧地往下一坐，还把凳子往后一靠，导致后面同学桌上的笔“哗啦啦”全掉到了地上。

B 同学走进来，步子不急不慢，到了座位边，先看看椅子靠背跟后桌的距离，然后一手扶住桌子、一手抓着椅背，侧着身体，一只脚先挤进桌子和椅子之间，再小心地把另一只脚挪进去，慢慢坐下来，生怕碰到后桌。

丁丁老师经常让学生这样去观察动作，并由此猜测人物性格。如果没有留意到动作的差别，可能就是简单的“A 同学走进了教室”“B 同学走进了教室”。但当你成功地描写出人物的动作时，读者就能真切地感受到作者笔下是一个个栩栩如生的活人，这样的人物才能达到老舍先生所说的“立起来”的要求。

2. 怎样写好动作

有个哑女去卖刀，大家替她发愁：不能叫卖，怎么会有生意？可哑女自信满满地往摊位那儿一站，手提刀搁在铁丝上，一拉，细铁丝分为两截，刀刃无损；接着，她又用刀把粗铁丝快速切分成数截，刀刃锋利如初。一下子，摊位前排起长龙，大家争相购买。

哑女不会叫卖，那就干脆用动作来说话，“站”“提”“搁”“拉”“切”，五个动词串起来，就像欣赏一幕精彩的电影，充满画面感。

动作描写要生动，就需要在读者脑海中形成一幅画，这幅画要具体而细致，不能是简单的“他吃了一碗饭”，而应该是“他左手端起饭碗，鼻子凑近闻了闻米饭的清香，右手拿起筷子开始挥舞，然后只听到咕噜咕噜的吞咽声”。

一个饥饿的人物形象就立了起来，读者甚至可以模仿着做出这一系列动作。

具体来说，要写好动作描写，可以从三个层面来训练。

（1）点描

鲁迅在《孔乙己》一文中，写到孔乙己去咸亨酒店喝酒遭到酒客取笑，众人笑他“脸上又添新伤疤了”，他不回应，要了两碗酒和一碟茴香豆，“便排出九文大钱”。见思维导图 2–1：孔乙己排出九文大钱。

“排”字为什么好？九文大钱一枚压一枚，摞在手心，大拇指压住，手往柜台上一扣，慢慢推出一文钱，手再抽回，接着放第二

思维导图 2-1　孔乙己排出九文大钱

枚、第三枚……九文大钱依次排开，像站队一样摆在柜台上。这些说明：

第一，他数钱很认真专注，一枚枚排出来；第二，他用慢慢排的动作掩饰被取笑的窘态；第三，有炫耀之意——“我是有钱的，比你们这些穿短衣的地位高”，显示了穷酸文人的迂腐；第四，跟结尾“摸出四文大钱”形成鲜明对比，说明他每况愈下的悲惨境地。

可见鲁迅动词运用的高超，简单一个词就蕴含如此多的意味。

这就是点描。人有多个动作，选择一两个最传神的，就像照相一样，把这个动作清晰展示出来，让读者深深记住。

但因为这样的用词太简单，要用好往往并不容易。鲁迅在这方面是值得我们学习和模仿的大师，比如《故乡》中，“接着便飞出了八岁的侄儿宏儿”，一个“飞”字，把孩子跑得很快的动作和急切见到作者的心情，生动表达了出来。

1）动词要准确

一个走路声音很大、性子很急的人，你写他“轻轻坐下”，准确性就有问题；除非是在一个特殊场合，比如进入会堂，或者参加葬礼等，为了突出对比，可以这样写。

要做到准确。在描写人物动作时，尽量不要用低级动词，如“走”“拿”“看”“吃”等，因为它们属于万能模式。

看下面三句，都是写“吃”，里面包含的意义却明显不同——

他在吃饭。

他扒了两口饭。

他一粒一粒慢慢地嚼着米饭。

第一句用的就是低级动词——“吃”，很模糊，不知道是吃得快还是吃得慢，不知道是饿还是已经饱了。

第二句，“扒”，说明吃得很急很快，要不是饿慌了，就是性子急。

第三句，“嚼”，说明吃得很细很慢，要么是喜欢挑食，要么是性子沉稳，又或者是有心事。

再比如，“他拿了一杯水”。这就不够准确，因为看不出具体的动作。

他握着一杯水。

他抓起一杯水。

见思维导图 2-2：一杯水。

“握”：手指弯曲合拢，左右移动，使杯壁的中间位置位于掌心。这一动作用力比较大，杯子不会轻易掉，动作较斯文。

“抓”：手指聚拢，从上往下移动，使杯口对着掌心。这一动作较快，一般用来对付活动的物体，显得较粗鲁。

在描写动作之前，你可以把和这个动作相关的近义词一一列出来，多琢磨一下，看哪个词更准确、更生动。比如“看”，近义词就有“瞧”“瞅”“望”“睹”“扫视”“瞪”“瞟”等。你需要熟悉每个词的区别，必要时还可以查阅字典。

2）前后加修饰词

“吃”，可以替换成“扒”“嚼”“尝”等，但如果你一时想不起更准确的单个动词，还可以用修饰这一招。比如前面加修饰词，就是“不急不忙地吃”；后面加修饰词，就是“吃了个精光”。两者的意思也完全不同。

在动词的前后加上修饰词，可以准确表达出动作的方向、快慢、程度、数量等。动作的不同可以通过这些修饰词展示出来。日

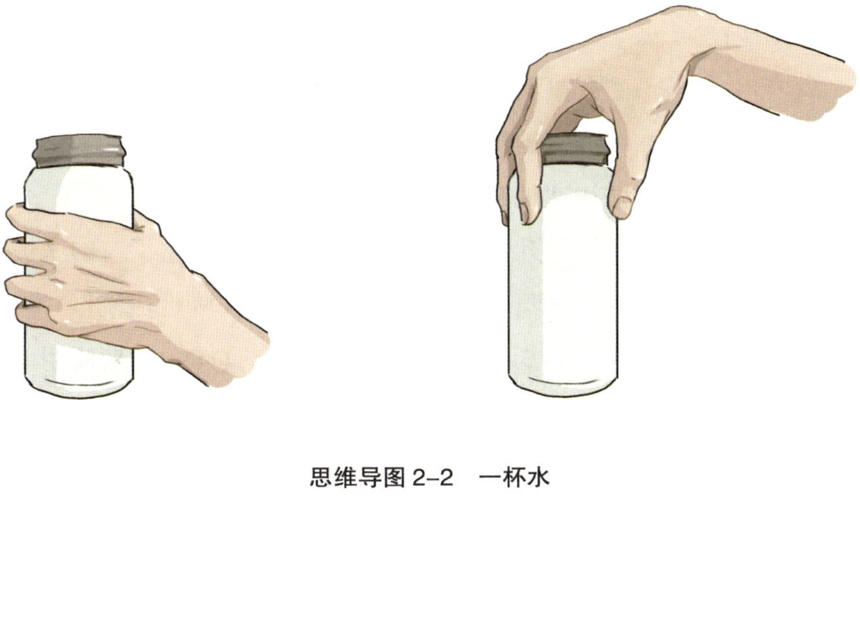

思维导图 2-2　一杯水

本绘本《大家全都不一样》[1] 就很好地展示了这一用法。

比如“跑”，有“尽情地跑”“慢慢跑”“飞快地跑”“拼命地跑”“舒展地跑”“小心地跑”“步调一致地跑”“慌慌张张地跑”等，快慢和程度明显不同。

再比如“跳舞”，有“高兴地跳舞”“混入兔子群里跳舞”“使出吃奶的劲儿跳舞”“紧紧贴着跳舞”“醉醺醺地跳舞”“高兴得连小心脏都跟着跳起舞来”。

下次，你写下一个动词后，就可以试着从多个角度来加修饰词。比如：

方向＋动词：“我高高地向上举起了手”。

程度＋动词：“深深地被音乐陶醉了”“重重地敲门”。

快慢＋动词：“快速地拿”“慢慢地倒水”。

动词＋数量：“飞了几千里”“长高了一点点”“吃了三碗米饭”。

动词＋拟声词：“笑嘻嘻”“咚咚地敲门”“哗哗地流淌”。

类似加修饰词的方法还有很多，可以结合具体情况来使用。比起单纯地用动词描写动作，这能让读者更清楚当时的状态和心情。

（2）冰糖葫芦

每个动作都是一颗美味的冰糖山楂，把多个动作连在一起，就成了一串可口的冰糖葫芦。

生活中，我们的每一个大动作都可以像冰糖葫芦一样，分解成一连串细微的小动作，相当于详细展示大动作的过程。

比如，我吃了一口饭。这就是一个大动作，我们可以按照以下几个步骤来完成生动描述。

---

[1] 龟山达矢，中川敦子. 大家全都不一样.曹曼，译. 天津：天津人民出版社，2017.

首先，分解。吃饭这个动作，可以分解成：动筷子前→动嘴巴→吃进去。

其次，疑问。怎么动筷子的？又是怎么动嘴巴吃的？最后怎么吞进去的？

接着，回答。看到有饭，很急，就拿起了筷子。快速扒饭进嘴里，都来不及嚼，咕噜一声就吞进肚子里了。

最后，组句。把分解的步骤和回答连成句子，写成段落。

桌前摆着一碗饭，还冒着热气，隔着五米远就闻到了香味。我急匆匆跑过去，左手端起饭碗，右手拿起筷子，碗刚挨到嘴边，筷子已经把饭扒到了嘴里。米饭刚进嘴，还没来得及咀嚼，烫得我直呼气，可我已经管不了这些了，咕噜一声把饭吞进了饥饿的肚子里。

见思维导图 2-3：吃饭的动作。

“吃”这一个动词，变成了多个动词，把它们像冰糖葫芦一样串起来，文章生动不少，读者甚至可以在脑海中浮现出一幅吃饭的画面。

在使用“冰糖葫芦”法写动作的时候，要特别注意以下两点。

1）理清顺序

连续动作，有先后顺序。对小学生来说，理清步骤顺序很重要，否则动作描写就会颠三倒四。

比如写自己做蛋炒饭，如果顺序不清，做出的蛋炒饭肯定不好吃，作文里也会有混乱。

我今天来做蛋炒饭。先把鸡蛋打在锅里，再炒，然后放盐，再把米饭放进去，然后放油，再翻炒几下，然后就炒好了。

思维导图 2-3　吃饭的动作

这段文字就很混乱。首先，连接词很怪。“先”“再”“然后”“再”“然后”“再”……陷入了无限循环中，没有层次。有这种语言病的孩子，日常生活里说话和发言很喜欢用“然后”。于是，描述一套连贯动作，从头到尾就是“然后”；到了作文里，也是一次次出现“然后”。

其次，顺序也不对。做蛋炒饭的步骤应该是：放油→打蛋→放米饭→放盐。顺序错了，不仅饭炒出来不好吃，作文写出来也不好看。

要解决这一问题，可以借助思维导图。先确定有几个步骤，就画几个糖山楂。见思维导图 2–4：做蛋炒饭 1。

接下来，要了解基本的连词使用规范。

三步：先……然后……最后……

四步：先……再……然后……最后……

五步：开始……随后……接着……然后……最后……

稍微把上面这段文字修改一下：

> 我今天来做蛋炒饭。先在锅里放上油，等油烧热了，再把鸡蛋打在锅里，快速翻炒几下，然后倒入香喷喷的米饭，最后快出锅时撒上点盐。

这样，动作过程就清晰多了。

2）用慢镜头

慢镜头就是在一系列动作中找到最关键的动作，再把它分解得更细致。

顺序连词只是让过程清晰，要想写得生动，还得用上慢镜头。做蛋炒饭的这段文字，关键地方的动作就没有放慢，比如说打蛋和放入米饭的过程，这两个地方是最关键的。就像看电影一样，要用

思维导图 2-4　做蛋炒饭 1

上慢镜头，让读者清楚地知道每一个小细节到底是怎么发生的。

比如，“跑”这个动作，你脑海中闪现的只是一个瞬间，作文中也只是简单一句——“他跑了过来。”

可如果采用慢镜头，过程就会是这样的——见思维导图 2–5：“跑”的慢动作。这里有手臂的挥动、身体前倾的角度、脚抬起的高度等等的不同。把这些写出来，动作就变得具体生动了。

回到蛋炒饭的例子，打鸡蛋的时候，是把鸡蛋磕到锅边还是橱柜台面上？磕完之后，是怎么把蛋液加入锅里的？加入米饭后，米饭和蛋液又是怎样混合在一起的？

我们再来修改一下做蛋炒饭这段文字：

> 我今天来做蛋炒饭。先在锅里放上油，等油开始冒烟的时候，我准备放入鸡蛋。我右手握着鸡蛋，朝切菜板的角落上一磕，趁蛋液还没顺着裂缝流出来，快速把蛋移到油锅上方，双手轻轻掰开蛋壳的缝隙，蛋液很快落到了油锅里，发出滋滋的声响。快速翻炒几下后，接着倒入白花花的米饭，又用锅铲把米饭压散，一粒粒米饭在锅里蹦来蹦去，慢慢都沾上了蛋液，变得金黄金黄的。我继续翻炒着裹上了鸡蛋的米饭，最后快出锅时，撒上点盐，香喷喷的蛋炒饭就做成了。

见思维导图 2–6：做蛋炒饭 2。

人教版六年级语文课文《凡卡》[1]中，写凡卡写信的动作，就是把关键处的大动作变慢，形成一连串的连续动作：

> 他想了一想，蘸一蘸墨水，写上地址。
>
> “乡下爷爷收”

[1] 契诃夫.凡卡//语文：六年级下册.北京：人民教育出版社，2006.

思维导图 2-5 “跑”的慢动作

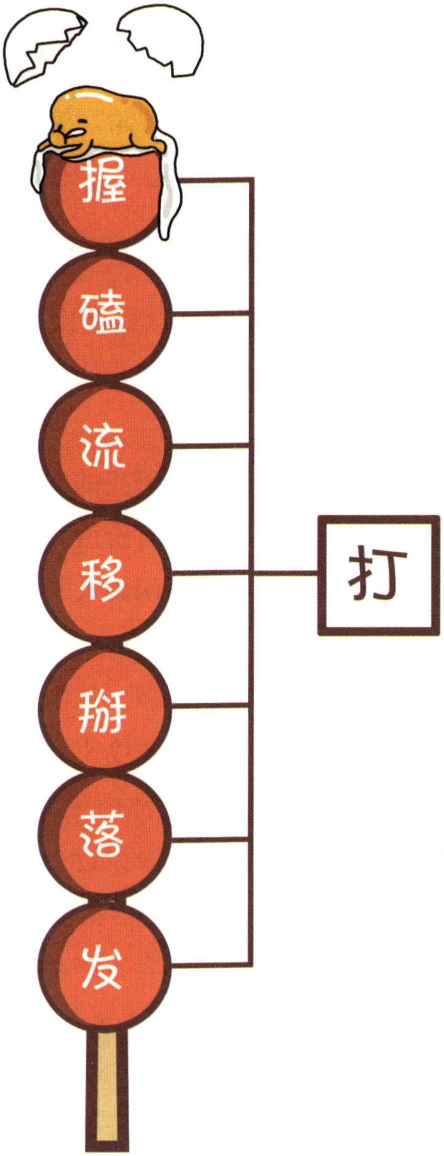

思维导图 2–6 做蛋炒饭 2

然后他抓抓脑袋，再想一想，添上几个字。

“康司坦丁·玛卡里奇”

这里的“想”“蘸”“写”“抓”“添”等一系列动作，把凡卡渴望爷爷收到信，救他出火坑的复杂心理刻画得淋漓尽致。

（3）俄罗斯套娃

“俄罗斯套娃”法指一个人连续做两次以上同样的动作，每次动作都分解开来描述清楚，但看似一样的动作，通过分解写出了区别和新意来。

比如三顾茅庐，刘备去拜访诸葛亮的故事。三次都是去请，可同一个动作也要写出变化，这样才有价值。第一次去，诸葛亮出游去了；第二次冒雪前去，诸葛亮又闲游去了；第三次沐浴更衣，斋戒三日再去，终于见到诸葛亮。

要写好同样动作的前后变化，需要从两方面下功夫。一是动作的细微变化。这是从动作施行者的角度来说的，比如同样去请，第一次很匆忙，第二次冒雪，第三次沐浴更衣。二是周围人的变化。第一次，关羽和张飞失望而归，但没说过多的话；第二次，张飞就不耐烦了，有埋怨；第三次，张飞叫嚣着要把诸葛亮绑来。

这一方法适用于描写运动会或者言语动作冲突等有大量重复动作的场合。我们以八年级上册语文课本《鲁提辖拳打镇关西》[1]一文为例，看看如何运用好这一方法。

1）动作有变化

鲁提辖拳打郑屠，总共打了三拳，如果一般人来写，可能就是一拳比一拳重，但这三拳在施耐庵笔下却变化多端。

---

[1] 施耐庵.鲁提辖拳打镇关西//语文：八年级（上）. 北京：语文出版社，2005.

在第一拳的动作之前，作者就用了“冰糖葫芦”的描写方法，以慢镜头呈现过程——

> 被这鲁提辖就势按住左手，赶将入去，望小腹上只一脚，腾地踢倒在当街上。鲁达再入一步，踏住胸脯，提起那醋钵儿大小拳头……

这一连串动作分别是：按住—赶将入去——脚踢倒—再入—踏住—提起。

接下来写了三拳，用的就是“俄罗斯套娃”的方法。

> **第一拳**——扑的只一拳，正打在鼻子上，打得鲜血迸流，鼻子歪在半边，却便似开了个油酱铺，咸的、酸的、辣的一发都滚出来。
>
> **第二拳**——提起拳头来就眼眶际眉梢只一拳，打得眼棱缝裂，乌珠迸出，也似开了个彩帛铺，红的、黑的、紫的都绽将出来。
>
> **第三拳**——又只一拳，太阳上正着，却似做了一个全堂水陆的道场，磬儿、钹儿、铙儿一齐响。

第一拳，打的是鼻子，用味道来写伤情；第二拳，打的是眼眶际眉梢，用颜色来写伤情；第三拳，打的是太阳穴，用声音来写伤情。见思维导图 2-7：俄罗斯套娃——鲁提辖拳打镇关西。

假如你要写一场接力赛，几个人都是接棒手，那就要写出每个人接棒、奔跑的不一样。

假如你要写两个人发生冲突打了起来，那就要写出打斗过程中重复动作之间的不同。

思维导图 2-7　俄罗斯套娃——鲁提辖拳打镇关西

2）围观有变化

除了展示人物所做动作本身的不同之外，还可以在每个动作之间停顿一下，加入其他人的动作细节，让“俄罗斯套娃”每一层都有变化，更显生动。

第一拳——郑屠挣不起来，那把尖刀也丢在一边，口里只叫：“打得好！”鲁达骂道：“直娘贼！还敢应口！”

第二拳——两边看的人惧怕鲁提辖，谁敢向前来劝。

第三拳——郑屠挺在地上，口里只有出的气，没了入的气，动弹不得。

这其实就是动作描写的点面结合，点是不断变化的个体，面是围观者的变化，二者共同烘托出这一系列动作的精彩。

动笔写一写

1. 你把妈妈惹生气了，妈妈是怎么“教训”你的？写出这一系列动作，试着用上“冰糖葫芦”的方法，把动作顺序理清楚，然后用慢镜头一一展示出来。写一个片段，100字以上。

2. 写小朋友玩“老鹰抓小鸡”游戏的片段，试着用上“俄罗斯套娃”的方法，写出动作的变化和围观人的变化，请准确使用动词。150字以上。

（二）名篇精读

舞龙灯的动作美妙在哪

舞龙灯[1]

巴　金

在一刻钟以后这个公馆突然变得热闹了。全家的人除了老太爷外，全聚在二门内的临时看台上面看龙灯。龙灯随着锣鼓声进来，停在二门外的大天井里。大门已经关上，免得外面的闲人混进。

锣鼓不住地响着，龙灯开始舞动了。这条龙从头到尾一共有九节，是用竹条编扎成的，每一节，中间插着蜡烛，外面糊了纸，画上鳞甲。玩龙灯的人便拿着下面的竹竿，每个人持一节。前面另有一个人持着一个圆圆的宝珠。龙跟着宝珠舞动，或者滚它的身子，或者掉它的尾巴，身子转动得很如意，摇摇头，摆摆尾，或者突然就地一滚，马上又翻身过来，往另一边再一滚，于是很快地舞动起来，活像一条真龙在空中飞舞。旁边的锣鼓声正好像助长了它的威势。

爆竹声忽然响起来，空中现了火花。龙乱舞着，像发了怒似的。鞭炮开始往龙的身上落，它不住地往左右两边躲闪，又像受了惊似的在空中乱跳。锣鼓响得更厉害了，就像那条受了伤的龙在呼啸一样。

[1] 巴金. 家. 北京：人民文学出版社，2018：143–145. “舞龙灯”一题为本书根据内容后加。

年轻的高忠缚了一串鞭炮在长竹竿上面，手持着竹竿，自己站得远远的，站在墙边一把梯子上，把鞭炮伸到龙身上去燃放。几个轿夫拿着竹筒花炮在旁边等了一些时候，便轮流地燃放起来，把花炮对着玩龙灯的人的光赤的身上射。龙开始发狂了，它拼命往下面滚，来迎接花炮里射出来的金花。它抖动着。人们只看见它的身子在滚。人声嘈杂，锣鼓不停地大响特响。轿夫们笑着。二门内看台上的观众也笑了，自然他们笑得很文雅，跟轿夫们笑得不同。

接着文德、李贵、赵升一班人同时拿了五六筒花炮前前后后地对着玩龙灯的人射，使他们没有地方躲避。这个办法果然有效。龙虽然仍旧在拼命乱滚，但火花却一团一团地射到那些赤裸的身上，有的马上落下地来，有的却贴在人身上烧，把那几个人烧得大声叫。于是他们放下手站住不动，把竹竿当手杖紧紧捏住，让轿夫们来烧，一面拼命抖动身子不让火花贴在他们的肉上。他们身上的肉已经变了颜色，火花一来便发出细微的叫声，而且一直在抖动。这时候观众们更满意地笑了。大家便把花炮更逼近玩龙灯的人身体烧，他们想把那般人烧得求饶。

那般玩龙灯的人有着结实的身体，有着坚强的腕力。可是他们却任人烧，一点也不防御，虽然也感到痛，却只是大声狂呼，表示自己并不怕痛，而且表示自己很勇敢，同时还高声叫着："有'花儿'尽管拿出来放！"

后来花炮烧得更近了。他们终于忍不住痛，逃开了。这样一来那条威武地飞动着的龙就被支解了，分成了九段，每个人拿着一段四处奔逃，彼此不相呼应。龙的鳞甲已经脱落，身子从头到尾，差不多烧成了一个空架子。

一部分的人把龙身扛在肩上往大门跑去。然而大门已经关上了。他们没法逃出去，只得硬着头皮回来。高忠、赵升们听从主人的指挥又拿着燃放的花炮在后面追赶。这是一个平坦的坝子，没有树木，也没有可以藏身的处所。有的便往二门跑。但是二门口堆满了人，密密麻麻，好像是一扇屏风，只看见无数的头。而且克定自己也拿着一筒花炮站在那里，看见人逼近，马上把花炮燃起来，向四面放射。那个玩宝的人是一个年轻小伙子，他走过来，正碰上克定的花炮，火花贴在他的身上烧，他发出一声尖锐的哀叫，急急地跑开了，但又被文德的花炮烧得退回来，狂乱地抖着身子，一头都是汗珠。这时克定把花炮正对着另一个玩龙尾的人放，忽然瞥见玩宝的人站在旁边发抖，便笑道：“你冷吗？我再来给你一把火！”又把花炮转过来向着他猛射。他吃了一惊，便用他的宝来抵御。那个宝本来还是完好的，如今却着了火，熊熊地烧起来，一瞬间就烧得精光。这时候轿夫和仆人们已经围起来，把玩龙灯的人围在中间，用花炮拼命地烧，快要使他们求饶了。但是在这一刻人们才发觉花炮没有了，大家只得住了手。大门开了，玩龙灯的人披上衣服，整了队，拿着剩下空架子的龙，伴着半死不活的锣鼓声，疲倦地走出去。那个玩宝的年轻人的腿受了伤，他一拐一拐地走着，叽哩咕噜地说些不满意的话。

克定把赏钱给了，还惋惜地说：“可惜花炮做得太少，不然今晚上可以大大地烧一下。你们看得满意吗？我明晚上再请你们看。”

1. 名家简介

巴金（1904 年 11 月 25 日—2005 年 10 月 17 日），原名李尧棠。代表作有“激流三部曲”：《家》《春》《秋》。小学语文课本里，收录有巴金的《海上日出》《鸟的天堂》《索桥的故事》《给家乡孩子的信》等文章。

巴金的长篇小说以描写家庭生活为主，并且带有强烈的自传性。他的短篇小说则题材多样，涉及范围相当广。在巴金的作品中，家即社会，家庭是构成社会机体的细胞，家庭生活是社会生活的缩影。他喜欢通过描写家庭生活情景来反映社会生活的状况及发展变化。

2. 思维导图

见思维导图 2–8：舞龙灯。

3. 导图解读

这篇文章选自巴金的《家》。小说写的是 20 世纪 20 年代初期成都一个封建大家庭里发生的一个个悲剧性故事。

巴金曾说：“我无论在什么地方，总看见那一股生活的激流在动荡，在创造它自己的道路，通过乱山碎石中间。”

巴金的文字是热情的，就像一股奔流一样，火辣辣的，或者说像一团火，正在寻找出口。《舞龙灯》就很好地体现了这一特点。这一极具中国传统特色的娱乐习俗，在巴金的笔下，能让你感受到火热冬夜锣鼓喧天的热闹，但热闹之外，却是心底那份对苦难者的同情和对麻木的憎恨。

（1）思想角度解读

热闹的春节需要助兴的仪式，舞龙灯是极佳的，可是这些助

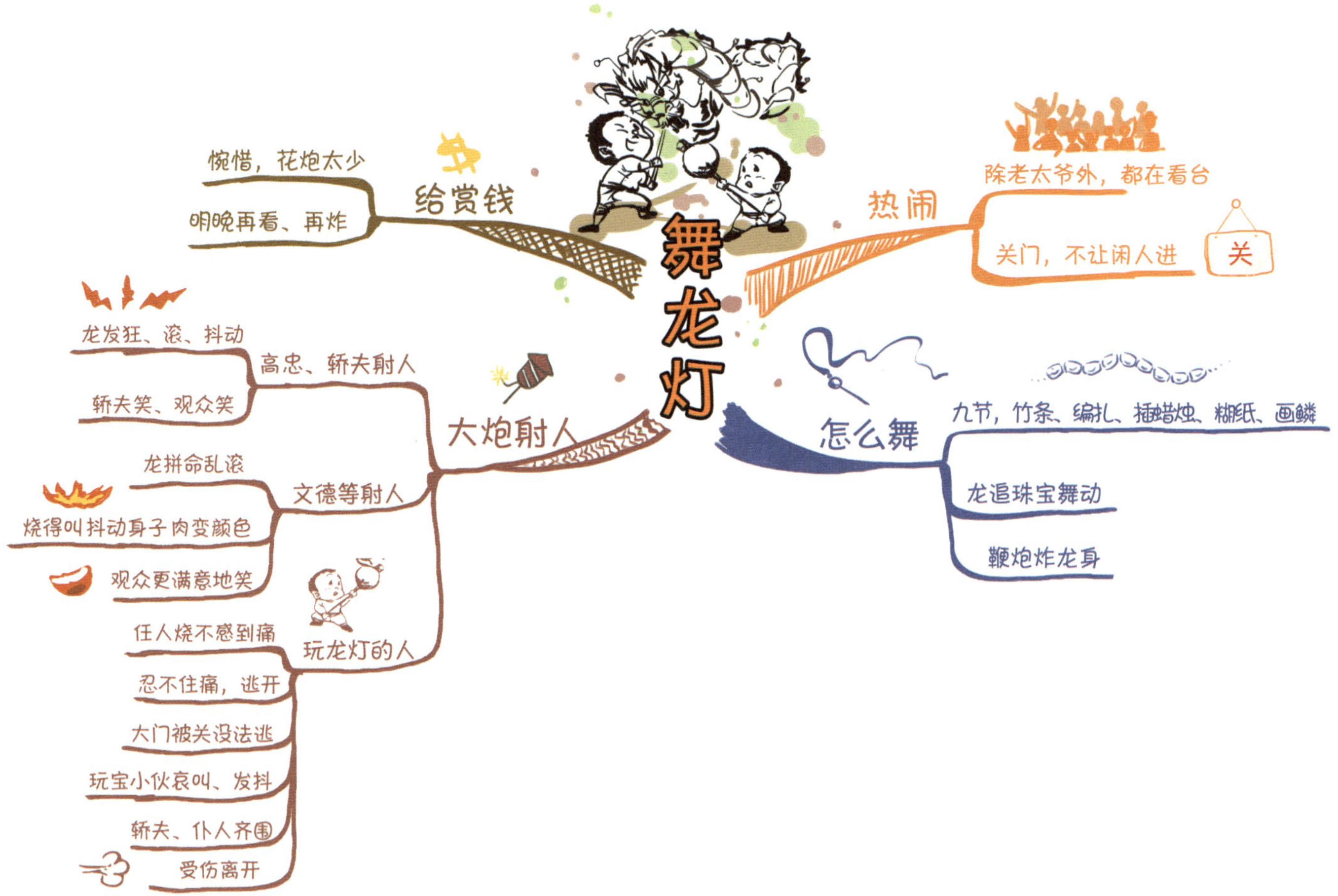
舞龙灯
热闹
除老太爷外，都在看台
关门，不让闲人进
关
怎么舞
九节，竹条、编扎、插蜡烛、糊纸、画鳞
龙追珠宝舞动
鞭炮炸龙身
给赏钱
惋惜，花炮太少
明晚再看、再炸
大炮射人
高忠、轿夫射人
龙发狂、滚、抖动
轿夫笑、观众笑
文德等射人
龙拼命乱滚
烧得叫抖动身子肉变颜色
观众更满意地笑
玩龙灯的人
任人烧不感到痛
忍不住痛，逃开
大门被关没法逃
玩宝小伙哀叫、发抖
轿夫、仆人齐围
受伤离开

思维导图 2–8　舞龙灯

兴的底层人，却必须忍受花炮的喷射燃烧，以博富家子弟一笑。高家仆人舂火药的时候，“放了碎铜钱在里面舂，说是将来放出的火花便可以贴在人的肉体上面烧，不会落下来”。可以想象大家取乐子的心情。再看现场，他们“把玩龙灯的人围在中间，用花炮拚命地烧，快要使他们求饶了”“可惜花炮做得太少，不然今晚上可以大大地烧一下”。大家族的人得到了满足，玩龙灯的人得到了赏钱，各取所需罢了。但谁会在乎玩龙灯人的痛？

（2）文章布局解读

①一开笔，4 句话就把热闹场景写清楚了。

第一句，其中“公馆突然变得热闹了”，9 个字概括了整个场景，强调“热闹”。

第二句，具体写大家族参与的情况，只有老太爷不在看台上，可见多热闹。

三四句，展示了大家庭的富裕，有大门、二门，龙灯只能在二门外，还展示了等级森严和瞧不起人，“免得外面的闲人混进”。

②第二段和第三段介绍舞龙灯是怎么回事。先写龙灯的构成，是九节，是怎么做的；再写怎么玩龙灯，“跟着宝珠舞动”；最后写鞭炮炸龙身。

③第四到第八段，写花炮射人，这是全篇的重点，也是动作描写最集中的段落。

先写高忠射龙、轿夫射人，逗得大家笑，这是小料助兴。接着，文德、李贵、赵升等一班人拿花炮射玩龙灯的人，把他们烧得大叫，身上的肉都变了颜色。再写玩龙灯的人，本来任人烧，后来受不了想逃却被关了门，玩宝的年轻人哀叫、发抖，可轿夫和仆人们还齐围过来。最后，花炮用完了，大家才放玩龙灯的人离开，后者却是带着一身伤离开。

④第九段也是最后一段，收场，写高老太爷的儿子克定竟然惋惜地说：花炮做少了，烧得还不够尽兴。这呼应了开头的热闹，更反映出富家子弟对底层人的冷漠。

（3）动作技法解读

这篇文章多处用到了动作技法的三个方法，我们每个方法选择一句来解读。

1）点描

> 这时克定把花炮正对着另一个玩龙尾的人放，忽然瞥见玩宝的人站在旁边发抖。

这里用“瞥见”，不用“看到”“瞧见”，显示了点描的准确性。瞥见，指很快地看了一下，无意中看到某人某事。这里用“瞥见”，还有看不起人的意思。这个词一是符合人物的性格特点（富家子弟克定压根瞧不起玩龙灯的人），二是符合当时的情景（热闹的舞龙现场人物众多，玩宝人在众多闪躲的人中间是无意中被看到的）。

2）冰糖葫芦

> 那个玩宝的人是一个年轻小伙子，他走过来，正碰上克定的花炮，火花贴在他的身上烧，他发出一声尖锐的哀叫，急急地跑开了，但又被文德的花炮烧得退回来，狂乱地抖着身子，一头都是汗珠。

这段文字以慢镜头呈现的方式，把事情的过程像冰糖葫芦一样，一一展示在我们面前。其中用到的动词有：走，碰，贴，烧，发，跑，烧，退，抖。

如果不用“冰糖葫芦”法，可能就是——

> 那个玩宝的人是一个年轻小伙子，被克定的花炮赶跑了，

后来又被文德的花炮逼回来了。

3）俄罗斯套娃

同样是射龙，不同的人射就写出了变化。

A. 年轻的高忠缚了一串鞭炮在长竹竿上面，手持着竹竿，自己站得远远的，站在墙边一把梯子上，把鞭炮伸到龙身上去燃放。

B. 几个轿夫拿着竹筒花炮在旁边等了一些时候，便轮流地燃放起来，把花炮对着玩龙灯的人的光赤的身上射。

C. 接着文德、李贵、赵升一班人同时拿了五六筒花炮前前后后地对着玩龙灯的人射，使他们没有地方躲避。

高忠想玩又害怕；轿夫先等候，再轮流燃放，这是得到了主人的命令；文德等人是前前后后对着射，这是贴身仆人的做法，想在主人面前好好表现，射人最卖力。

观看舞龙的人在笑，不同的人笑也是有变化的。

A. 轿夫们笑着。二门内看台上的观众也笑了，自然他们笑得很文雅，跟轿夫们笑得不同。

B. 这时候观众们更满意地笑了。

C.（克定）便笑道："你冷吗？我再来给你一把火！"

4. 我要怎么学

（1）先总写场面

《舞龙灯》第一段是写热闹的场面。还没看到龙灯来，读者就充满了期待。我们在写运动会等一些包含大量动作的作文前，也可以先总写这场活动带来的感受，后面再围绕这个关键词来对整体进行分解。

比如，昨天参加的音乐会无聊极了，先总写感受——无聊，后面段落的动作就要围绕无聊来写。

（2）简单介绍规则

对于一项大众比较陌生的运动，先用一小段文字简单介绍下规则，以便读者了解。如《舞龙灯》里写道：“玩龙灯的人便拿着下面的竹竿，每个人持一节。前面另有一个人持着一个圆圆的宝珠。龙跟着宝珠舞动……”

有了这段文字，没看过舞龙灯的也大致知道是怎么回事了。

比如参加傣族泼水节，就可以先介绍泼水怎么进行。

汪曾祺在《泼水节印象》中写道：“泼水节开始，每人手里都提了一只小水桶，塑料的或白铁的，内装多半桶清水，水里还要滴几点香水，桶内插了花枝。泼水，并不是整桶的往你身上泼，只是用花枝蘸水，在你肩膀上掸两下，一面用傣语说：‘好吃好在。’我们是汉人，给我们泼水的大都用汉语说：‘祝你健康。’”

（3）从大场面写到具体运动的人

一开始的总说和规则介绍，都是为写运动中的具体人服务的，是为了写出一两个最典型的个体的系列动作，这就是从“面”到“点”。

《舞龙灯》先总写玩龙灯人的大场面——

> 那般玩龙灯的人有着结实的身体，有着坚强的腕力。可是他们却任人烧，一点也不防御，虽然也感到痛，却只是大声狂呼，表示自己并不怕痛，而且表示自己很勇敢，同时还高声叫着：“有‘花儿’尽管拿出来放！”

再写一个最特别的——

> 那个玩宝的人是一个年轻小伙子，他走过来，正碰上克定的花炮，火花贴在他的身上烧，他发出一声尖锐的哀叫，急急地跑开了，但又被文德的花炮烧得退回来，狂乱地抖着身子，一头都是汗珠。

再比如《难忘的泼水节》，这是人教版部编本小学语文二年级上册课文，写周总理和边疆人民共同欢庆节日。其中有两段写人物的具体动作——

> 周总理身穿对襟白褂，咖啡色长裤，头上包着一条水红色头巾，笑容满面地来到人群中。他接过一只象脚鼓，敲着欢乐的鼓点，踩着凤凰花铺成的“地毯”，同傣族人民一起跳舞。
>
> 开始泼水了。周总理一手端着盛满清水的银碗，一手拿着柏树枝蘸了水，向人们泼洒，为人们祝福。

这样写，就很好地突出了重点。一切动作描写都围绕着人物进行，特别是重要人物，课文前面部分对这次泼水节的介绍也都是为了这个人物服务。

（4）写出人物动作的变化

《舞龙灯》里，舞龙灯的人动作变化很大，所以整篇文章就有了波折，相当好看，里面的人物不再是“木头人”。

我们在写动作的时候，也要留意变化。比如泼水节，一开始写主要人物的出场动作，接下来是怎么跳舞的，然后又是怎么泼水的，结束时又做了什么。就像一件事的开始、经过和结果一样，我们可以把动作按照几个阶段来划分。

动笔写一写

端午节观看过赛龙舟吗？如果没有看过，请先上网搜索相关视频看一看，然后学习《舞龙灯》里的写法，写一段赛龙舟的文字。写之前，先画思维导图，理清思路和重点。题目自拟，400字以上。

我的笔下没有“木头人”

学习完《舞龙灯》，对照文字画了思维导图，试着理解了作者安排文章的内在逻辑和动作技法后，我们就需要动笔写一写。想一想，自己在生活中看到过哪些动作很多的事情，如何把动作写得生动、有变化，从而让笔下的人物都跳跃起来，而不是“木头人”。

1. 类似题材怎么写

最基础的模仿，就是从类似的题材开始写起。

巴金写的是舞龙灯，如果你有类似舞龙灯的题材，就可以写出来。在写的过程中，要真实地感受一下动作描写的方法运用。毕竟，讲再多的方法，都离不开实际操作。只有不断练习，才能熟练掌握。

舞龙

高炘宜

湖北省武汉市广埠屯小学四年级

一年一度的春季开学典礼开始了，这次又会有什么新奇的事物呢？

我迫不及待地赶到学校。哇，操场上，真热闹！唱京剧的，穿着古装在划旱船的，还有舞狮子的，当然少不了我最喜欢的舞龙。

平时一向不愿兑换礼品的我破例兑换了一次，可是舞龙的队伍很长。等呀，等呀，我忍不住了，开始发起牢骚：“舞龙的人怎么那么多呀，我快等得不耐烦了。”

等呀，等呀，终于等到了我们这一队。周思睿同学手拿龙头的杆子，我手捏着龙尾的杆子，开始晃了起来。珠子向左猛地摇了一下，领头人看见了，灵巧地往左一摇，这龙似乎想咬住那个珠子。可是，我们一点反应都没有。直到妈妈对我做了个眨眼的动作，示意我向左摇，我这才向左摇了一下。

可是，光龙头、龙尾摇有什么用呢？中间的伙伴还是拿着杆子一动也不动。无奈，我俩只好把它们先收了回来。正当我们收回来时，龙珠又猛地向右移动，我和领头同学苦笑了一下，把它们摆向右边。不过，这一次，龙身子也跟着我们一起摇晃，龙仿佛真的发怒了，在龙珠后面紧追不舍。拿龙珠的一看苗头不对，赶紧调转方向把龙珠摆回了直线。我们还是穷追不舍，她慌忙一会儿向左，一会儿又向右摇动，可我们摇得和她一样快，她没办法，摆动的速度也渐渐地慢了下来……

就在这时，老师说：“下一班。”拿龙珠的人可算松了一口气，真是一场有趣的舞龙活动。

这篇作文抓住了龙珠逗龙的系列动作，让人感受到了孩子的可爱和游戏的乐趣。

①一开始的渲染，很好地暗示了舞龙是最热闹、最有趣的项目。

②中间写我和同学如何舞龙，这是整个作文的重点。

首先，用词很准确。“周思睿同学手拿龙头的杆子，我手捏着龙尾的杆子”，一个“拿”，一个“捏”，同类型的动作写的时候体现出了区别。

其次，学会了用慢镜头来展示系列动作。例如：

> 正当我们收回来时，龙珠又猛地向右移动，我和领头同学苦笑了一下，把它们摆向右边。不过，这一次，龙身子也跟着我们一起摇晃，龙仿佛真的发怒了，在龙珠后面紧追不舍。拿龙珠的一看苗头不对，赶紧调转方向把龙珠摆回了直线。

此外，动词用在龙身上，让龙像人一样，有了情绪，如“这龙似乎想咬住那个珠子”“龙仿佛真的发怒了”。

③结尾处的一个动词“松”，点描做得很不错，把舞龙珠的人此前的紧张和疲惫一下子全体现了出来。

2. 其他运动怎么写

有了舞龙灯这个基础模仿之后，我们可以试着把这些方法用到其他运动和表演里，看看怎样呈现出精彩的一面。

死亡轮

吴子钺

湖北省武汉市惠济路小学三年级

一个人拿出一个黑色的面罩，将它抖了抖，蒙在头上，人群中顿时发出一声声尖叫，我的心也跳得越来越快，眼睛死死地盯着那个人。

去年秋天，我在武汉杂技厅观看马戏表演，节目很多，但最惊险的是死亡轮。

首先搬上场的是两个大轮子，它们像跷跷板一样连在两头，在空中滚动着。想想一会儿有人要在上面表演，我就惊出了一身冷汗。

开始表演了，一个穿着蜘蛛侠服装的人站在轮子上，摆动着双臂，不停地奔跑着。忽然，他又躺在轮子上，随着轮子的摆动而摇晃。

霎时，“蜘蛛侠”双手一抓围栏，脚一蹬地，就娴熟地到了圈外面，又开始奔跑起来。他这一惊险的举动让我的心开始扑通扑通乱跳。

突然，“蜘蛛侠”摸出一个黑色的面罩，举起来，给我们展示一番，马上蒙在了头上，观看的人群中发出了一声又一声的尖叫。“蜘蛛侠”先是慢慢地跪下来，扶着两边的围栏，把一只脚抬起，再把另一只脚抬起，两手撑开，跑起来。忽地，“蜘蛛侠”一个没站稳，失去了平衡，倒在了轮子上，人群又尖叫起来。我的心在喉咙口，随时都要蹦出来。幸好，他很快又站了起来，继续跑。

不一会儿，“蜘蛛侠”把面罩一摘，扔下台去，掏出一根短绳，边跑边抛绳。很快，他双手拿着绳子，开始跳绳了。第一次跳，他一不小心被绳子绊倒了，落到了轮子上，好像马上要摔下去似的。我的心在身体里乱蹦乱跳，大气不敢喘一口，眼睛像呆住了，死死地盯着“蜘蛛侠”。这时，全场的灯光都投向了他。还好，他没有掉下去。“蜘蛛侠”接着甩绳，这次难度更高了，他一甩绳，在空中跳了四五个，又落了下来。甩，跃，这两个动作不停地重复，却令人无比害怕，我的身体不停地微微抖动起来。

表演完跳绳，“蜘蛛侠”竟然在轮子上跳起了舞，他双手张开，摆动着，要告诉大家：我成功啦！他左手往前一伸，左脚向前一迈，再右手往前一伸，右脚向前一迈，“得意洋洋”地走着，脸上只有欢乐，没一丝恐惧的神情，像一位凯旋的大将军一样，那么骄傲和自豪，台下的掌声一阵赛过一阵。

我的心就像一张弓，紧绷的弦终于松了下来。

这篇作文不再满足于简单的模仿，而有了自己内在的结构安排和想法。

①一开笔截取表演中的一个精彩片段，让开头充满了动感，吸引读者注意，并拎出整篇作文的关键词——惊险。

②前面介绍了表演的规则，跷跷板一样的大轮子在空中滚动，表演者需要在它上面表演。

③表演者的表演顺序清晰：死亡轮道具上台→“蜘蛛侠”奔

跑→蒙面表演→跳绳→跳舞。重点放在蒙面表演和跳绳上，因为这是最刺激的。

④“我”的心情变化通过动词体现了出来，并且和表演的过程相贴合，让人充分感受到观演的紧张——

“惊出了一身冷汗”—“心开始扑通扑通乱跳”—“心在喉咙口，随时都要蹦出来”—“大气不敢喘一口，眼睛像呆住了”—“身体不停地微微抖动起来”—“心就像一张弓，紧绷的弦终于松了下来”。

3. 写景中怎么用好动作描写

动作描写不仅可以用在写运动、表演等题材上，其实在任何题材中都可以合理运用，让作文动起来。

没有薮的鲜花

尹品茜

湖北省武汉市钟家村寄宿小学三年级

“嗞——砰！”一声巨响过后，最后一团烟花带着乡亲们对新一年的祝福冉冉升上空中，绽放开来，最后带着满满的希望，消失不见。

今年除夕夜，我们一家三口来到老家黄陂看烟花表演。大约晚上七点，全家来到一片湖泊旁，烟花表演将在这里举行，神奇的一刻将在这里出现。

…………

半小时后，我仿佛感到耳朵里传来一阵隆隆的声音——烟花表演开始了。我屏住呼吸，人群早已沸腾。突然，一根细细的火苗从湖中冒出，火箭般喷向空中，所过之处留下数颗火星子，魔法般隐去。火苗是金、橙红色，最底下是火红色，中间是橙色，最上面是金白色，散发着滚滚亮光，直破云霄，又忽然消失不见。

只听雷鸣般的巨响传来，从黑云中钻出一团极小的火光，慢慢变大，迅速膨胀。先是许多金橙的飞箭一般的火花一个接一个地弹出，外面又是一层，稀疏，但各个光芒万丈。这烟火的形状像太阳，火点一个接一个地往外冒。快消失了，这些飞箭四处弹射，快没了。忽然，两三个合为一体，变成了像玫瑰一样的形状。

淡了，淡了，烟花们都一隐，彻底烟消云散了。留下一片惊呼声。

过了会儿，又一簇火苗升上天空，又是一阵闷雷滚动，一阵彩光在空中爆跃开来，化作一团莹蓝的火焰。这团烈焰在空中暴跳如雷，不依不饶，划破了夜空。

接着，蓝色上盖了一层橙色，又是抹紫，然后一团绿，最后变成艳绿，万芒齐射，流星般向我们扑来。近了，近了，又一缩，天空黑了一下。

“咚！”随之一道五彩火球飞腾空中，蓝、紫、红、金、绿……掀起厚厚一层霞雾。这火球在空中剧烈地摇晃、转动，似乎要划亮整个天空，人群又沸腾起来。

又是一声巨响，这火团化为无数流星跃入水中，空中则留下一团彩雾。人群爆发出惊呼声。

接着，许多种烟花们闪亮登场，我看得都呆了。

“轰”，最后一抹彩霞带着人们满满的祝福升上了天空……

这篇作文从运动中大量写动作，到写景作文里用上大量动作词语，这是写作从模仿到提升的最佳表现。

①动作描写生动。有连续慢动作，也有烟花本身的层次变化，还写到了人群的变化。看这篇作文，就像烟花在我们眼前绽放一样，跟着尹品茜，我们也“欣赏”到了最美的烟花。

②颜色特别丰富。烟花最大的特点就是多样的变化和色彩，动作呈现出了变化，色彩就需要靠颜色词来描述。

A. 火苗是金、橙红色，最底下是火红色，中间是橙色，最上面是金白色，散发着滚滚亮光，直破云霄。

B. 接着，蓝色上盖了一层橙色，又是抹紫，然后一团绿，最后变成艳绿，万芒齐射，流星般向我们扑来。近了，近了，又一缩，天空黑了一下。

短时间内出现了这么多颜色，却被作者一一捕捉到了，还写了出来。在把各种颜色连起来的地方，作者用上了“点描”的方法，很精准，如“散发”“盖”“扑”“缩”。

动作描写是作文最重要的基本功。举了这么多例子，是希望你能更直观地掌握相关方法，而不是停留于空洞的理论，能真正学会使用动词，多用动词，让作文动起来、有呼吸。

动笔写一写

写早上的一场雾或雾霾，用上动作描写的方法，把这一自然现象写出动态变化。题目自拟，450字以上。

三

夸张

给文字注入幽默感

夸张
观点阐述
什么是夸张
扩大
缩小
怎么用夸张
放大镜（看细）
哈哈镜（笑看）
显微镜（看透）
习作模仿
天气夸张《冰箱》《在火炉中的我》
人物夸张《怪人杨老师》
名篇精读
安徒生《皇帝的新装》
解读
思想
布局
技法
怎么学
先铺垫
情节一环扣一环
叙述平静

本章结构图

杨澜和赵忠祥是著名主持人，曾一起在中央电视台主持《正大综艺》节目。有一次，二人一起做一期叫《世界真奇妙》的节目，介绍一个国家——加拿大。加拿大有部分国土位于北极圈内，非常寒冷。

赵忠祥对杨澜说：“只要提到北极圈的加拿大，我身上就会冷得直打哆嗦。”杨澜不慌不忙地说：“我也听说了，有两位加拿大人在室外说话，那里的天气冷得出奇，话一出口就冻成冰碴儿了，所以赶快用手接住，进屋用火烤了才听到说了些什么……”

听了这段话，你是不是一下子就记住了加拿大的寒冷？这里运用的就是夸张手法，使得话语变得风趣幽默，充满情趣。

（一）观点要牢记

李白最会用这面有魔力的镜子

1. 什么是夸张

夸张，就是言过其实。一座楼很高，李白说它“危楼高百尺，手可摘星辰”，这就言过其实了——再高的楼也摘不到星星。可是，你并不会觉得他写得很假，反而觉得很生动，这就是夸张要的效果。

夸张是运用丰富的想象力，在客观现实的基础上有目的地放大或缩小事物的形象特征，以达到生动形象的目的。

李白无疑是中国夸张第一人，随便翻开他的一页诗，都可以看到或多或少用到了夸张。

写忧愁这种不可触摸的东西，他说“白发三千丈，缘愁似个长”。古今中外找不出第二缕同样的白发。

写瀑布的壮观，他说“飞流直下三千尺，疑是银河落九天”。世界上还有比这更壮观的吗？

写友情的可贵，他说“桃花潭水深千尺，不及汪伦送我情”。估计汪伦睡着都要笑醒，一首诗让他的名字流传百世。

正因为使用频率高、用得好，所以读李白的诗总有种飘飘然的大气之感。

最通俗易懂的当属白居易的诗，这位拿着诗稿问老太太能不能听懂的诗人，也写出了如此夸张的诗句——“排空驭气奔如电，升天入地求之遍。上穷碧落下黄泉，两处茫茫皆不见。”

夸张的用法，简单说，就是描写客观事物时脱离正常的范围，有意放大或缩小。这样能突出所描述人或物的特征，揭示本质，给读者以鲜明而强烈的印象，妙处在于不似真实而写出了真实的感受。见思维导图 3-1：扩大与缩小。

（1）扩大

扩大，即故意把客观事物说得比原事物要大、多、高、强、深，往往是对事物的形状、性质、特征、作用、程度等加以夸大。

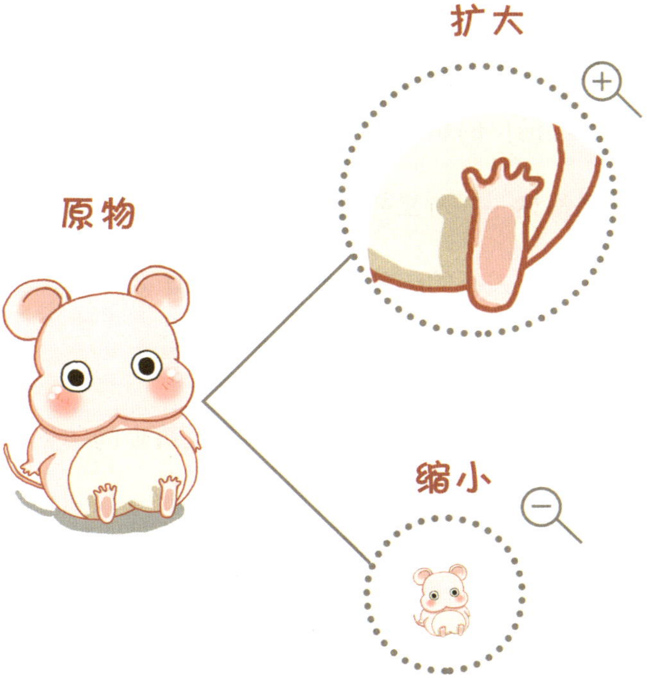

思维导图 3-1　扩大与缩小

如果用数学符号来表示，就是“夸张物 > 原物”。

比如，大吼一声，到底有多大？我们不清楚。如果用上夸张，再来感受下——

大虫见掀他不着，吼一声，就像半天里起了个霹雳，震得那山冈也动了。

这段文字来自人教版小学语文课本中的《景阳冈》[1]一文，老虎的吼声被写得惟妙惟肖。

比如，形容河里的鱼多。

普通描述——河里的鱼真多。

读者只有一个大概的印象，但到底多成什么样子，不清楚。

复杂一点——河里的鱼多得数不胜数。

知道多，用上了成语，可还是一个不太清晰的印象，只是通过数数描述，看不到具体的场景和动作。

如果用上适当的夸张，再来感受下——

河里的鱼真多，一碗下去有半碗鱼。

河里的鱼太多了，你只要等一会儿，就能捞到被撞晕的鱼。

河里的鱼真多，村民们抓到手软也抓不完。

这三句夸张得很有生活气息，看完后你还会笑一笑，因为描述了三幅生动的画面，能想象出鱼的状态和人捕鱼的情形。我们也知道，鱼再多也不会真的这样，这是假的，但又让你觉得它写出了真实的感受。见思维导图 3–2：很多鱼。

[1] 施耐庵.景阳冈//语文：五年级下册.北京：人民教育出版社，2009.

夸张一：

夸张二：

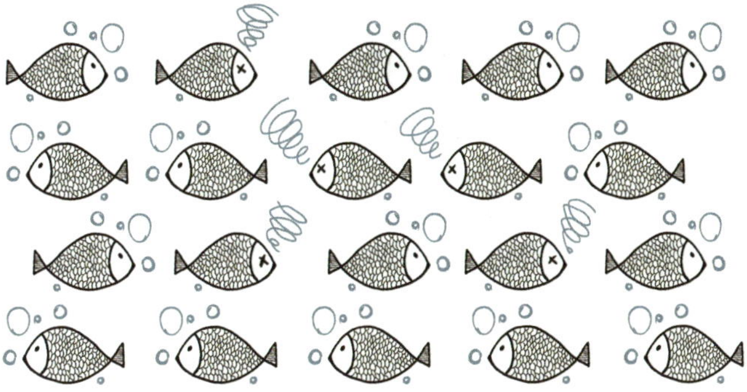

夸张三：

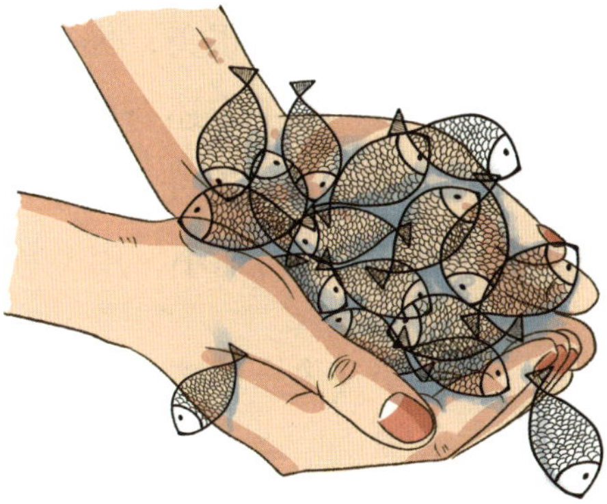

思维导图 3-2 很多鱼

（2）缩小

对应扩大夸张，缩小即故意把客观事物说得比原事物要小、少、低、弱、浅，对事物的形状、性质、特征、作用、程度等加以缩小。用数学符号来表示，就是“夸张物 < 原物”。

比如，“低”。场景是：见到人，姿态很低，很谦卑的样子。如果直接写“见到他，她姿态很低很低”，就不知道低到怎样的程度。既然要低，那就缩小、再缩小。作家张爱玲给出的答案是——“见了他，她变得很低很低，低到尘埃里。”

又如，“瘦弱”。场景是：一个人长得很瘦弱。你脑海中能想起哪些更瘦弱的事物？筷子？落叶？纸片？想到了，就可以把这两个事物通过句子组合在一起。

> 她瘦弱得像一根筷子。
> 她瘦弱得像一片落叶，风一吹就倒了。
> 她瘦弱得像纸片一样薄，都快认不出来了。

再如，“浅”。场景是一个小水池，里面的水很浅。假设真实情况是：听说有一处水池很美，你很期待，觉得池水至少到你肚脐位置，还很宽很大，说不定还有假山。可是一走进去，失望至极，水才刚刚到小腿处，面积不过2平方米。如果真实地写，没法表达出你的失望，所以你要再缩小，用上夸张来感慨。

> 水池小得像个菜碟。水很浅，伸个小拇指就能触到池底。

这样一写，读者就能明显感觉到你的失望，也不会信水池真的这么小、水这么浅，但又觉得很到位、很真实。见思维导图3-3：水很浅。

现实

夸张

思维导图 3–3　水很浅

2. 怎样写好夸张

夏日的一个清晨，两个三年级女孩顶着一头长发走进教室。丁丁老师请她们上讲台做模特，再将其他孩子分成两队，用夸张手法夸夸她们的长头发。

她的头发比跳绳还长。

她的头发可以绕教室一周。

她的头发可以绕大楼一周。

她的头发可以绕地球一周。

她的头发可以绕太阳系一周。

夸张变成了吹牛，这是孩子们写作文很容易出现的问题——喜欢用一个大大的数据来对比。比如说“我比你还要高一个 100 米”“我比你还要高一个珠穆朗玛峰”。这样的夸张一点儿趣味都没有，让人感受不到一幅幅的画面。

在绘本《小真的长头发》[1]里，同样是夸张，方式却截然不同：

要是从桥上把辫子垂下去，就能钓到鱼呢。挂上一点儿鱼饵，河里的鱼，不管什么样的，都能钓上来。

要是从牧场的栅栏外面，把辫子嗖的一下甩过去，连牛都能套住呢。一下子就能套到牛角上，只要用劲拉啊拉的，一整头牛就是我的了。

没有用数据，用的是具体事物，如钓鱼线、套牛绳。首先，它们跟辫子外形相似，只不过扩大了。其次，扩大后还写到了具体的使用，让读者感受到了画面，觉得生动又真实。

---

[1] 高楼方子. 小真的长头发. 季颖，译. 海口：南海出版社，2010.

夸张就是一面有魔力的镜子，让事物有了变化，有了更显眼的效果。在写作文的时候，你可以试着拿着这面镜子，给平淡的事物注入幽默，让人会心一笑。

（1）放大镜（看细）

孩子们在作文里经常会用到这些程度词：很，非常，特别，太。用这些词写出来的句子，多跟感觉相关。问题是，感觉又是一种不好描述的东西，用程度副词加感觉写出的句子，总是干巴巴的。

比如，我很饿。到底怎么个饿法，我们不知道。但如果你用上夸张的放大镜功能，就能把这个饿看得很细致。

先来个基础版的，把饿的感觉放大，对应某一种具体的状态。

> 我饿得可以吃下一头牛。

如果想更高级一些，可以在这后面再加具体内容，详细描述这一状态。

> 我饿得可以吃下一头牛，连骨头都不剩。吃完后，还在喊没吃饱。

见思维导图 3–4：放大镜。

放大镜的方法在成语、古诗、民歌里最常见。把抽象的感受变成具体的可感知的事物，增加了文字的生动和趣味。比如，“度日如年”，就是将一天放大成一年，写出了煎熬的感受，感叹时间如此漫长。

又如，李白的“朝辞白帝彩云间，千里江陵一日还。两岸猿声啼不住，轻舟已过万重山”，这不就是大唐第一速度嘛，朝发夕至，

基础版

高级版

思维导图 3-4　放大镜

堪比当下的高铁。

再比如，电影《刘三姐》中的“你的山歌没有我的多，我的山歌牛毛多，唱了三年三个月，还没有唱完一只牛耳朵”。民歌中的夸张容易犯吹牛的毛病，拼来拼去拼数字。好在后面“还没有唱完一只牛耳朵”扭转了过来，让文字有了画面，有了具体的状态。

你可以在自己的作文里，找到写有“很”“非常”“特别”字眼的句子，把这些字眼删掉，然后用放大镜的方法来进行夸张，让句子变得更生动形象。

使用放大镜的方法，需要掌握一个度：要诚实。鲁迅在《漫谈“漫画”》一文中说过：“燕山雪花大如席”，这是夸张，但燕山毕竟有雪花，就含着一点诚实在里面，使我们立刻知道燕山原来有这么冷。如果说“广州雪花大如席”，那可就变成笑话了。

（2）哈哈镜（笑看）

放大镜用在形容感觉上，起到放大感觉的效果。哈哈镜则用在写人上，用它来照人，照出奇形怪状，引人发笑。它跟漫画的效果是一样的，极度夸张地拎出一个人最典型的特征，如外貌、动作和神态等，并把这个特征放大，有种笑看的味道在其中。

安东尼·布朗的绘本《我爸爸》，从多个方面夸张爸爸的特点，并把爸爸在哈哈镜中变成不同的动物，如马、鱼、泰迪熊等。比如“我爸爸吃得像马一样多”，写出了爸爸吃货的特点；“游得像鱼一样快”，写出了爸爸游泳技术高超。

契诃夫的《套中人》中，对主人公别里科夫就用了哈哈镜的方法予以夸张——

> 哪怕在艳阳天出门，他也总是穿着套鞋，带着雨伞，他的雨伞、怀表、削铅笔的小折刀等等一切能包裹起来的东西都总

是装在套子里，就连他的脸也好像装在套子里，因为他总是把脸藏在竖起的衣领里面，戴着黑眼镜，耳朵里塞上棉花，坐出租马车的时候也要车夫马上把车篷支起来。

契诃夫没有描写相貌和表情，但抓住了最重要的精神特质，塑造了一个性格孤僻、胆小怕事、恐惧变革的别里科夫：总想给自己包上一层外壳，给自己制造一个所谓安全的套子。我们在嘲笑套中人时，读得越深入，越发现自己不过也是一个装在套中的人，只是表现形式有些不同罢了。

所以，当人物被勾画成奇形怪状、荒诞陆离的形象时，最后想表达的思想感情一般是嘲笑、憎恶和同情。

爱德华·利尔的《荒诞书》是用哈哈镜方法写人的典范。比如写贪吃的特点——

南方一老头真贪吃，大嘴一张无节制；有次吞食一盘菜，条条鱼往嘴里塞，这贪吃的老头竟噎死。

再比如写下巴尖的特点——

有位尖下巴女郎，下巴尖似尖样儿；她把它磨了又打，再买把竖琴回家，用下巴弹着曲儿把歌唱。

当你准备写某个人的时候，可以试着先找到他最重要的一处特点，如手长或者鼻子灵，再用哈哈镜的方法写出来，在幽默中展示人物。见思维导图 3–5：哈哈镜。

（3）显微镜（看透）

显微镜法是放大故事中的一处情节，把最激烈、冲突最大的一

哈哈镜一：五官

哈哈镜一：手脚

思维导图 3-5　哈哈镜

点拎出来。它比哈哈镜更能体现人物的性格特点。

《儒林外史》中写到严监生就是采用了情节的夸张，以显微镜的方法放大了临终前的一幕。严监生临终之际始终不肯咽气，别人都以为他有什么要紧的事情要交代。结果，他始终不能瞑目的原因只是：看桌上的一盏油灯燃着两茎灯草，太费油了，放心不下。妻子赵氏挑掉一茎灯草之后，严监生马上就咽了气。这一极其讽刺、极其夸张的情节，将严监生这一“吝啬鬼”的形象刻画得淋漓尽致，也让他成了文学史上中国最吝啬的人，跟法国的葛朗台齐名。见思维导图 3–6：显微镜。

鲁迅在《阿 Q 正传》的结尾也用了显微镜这一招，对画圆圈的情节予以夸张——

> 阿Q要画圆圈了，那手捏着笔却只是抖。于是那人替他将纸铺在地上，阿Q伏下去，使尽了平生的力气画圆圈。他生怕被人笑话，立志要画得圆，但这可恶的笔不但很沉重，并且不听话，刚刚一抖一抖的几乎要合缝，却又向外一耸，画成瓜子模样了。
>
> 阿Q正羞愧自己画得不圆，那人却不计较，早已掣了纸笔去，许多人又将他第二次抓进栅栏门。

阿 Q 到死也没有真正明白自己为什么要画圆圈、为什么被枪毙，而且还在死前表演了他最后的精神胜利法：“过了二十年又是一个好汉……”

如果去掉这一处情节，阿 Q 的形象和悲剧性就不会这么突出。当我们用夸张的方法写人时，可以先在人物的外貌、行为和言语上夸张，进而在故事情节上夸张，让幽默的感觉贯穿全文。

从夸张的三个技法来看：放大镜重在形容感觉；哈哈镜重在写

思维导图 3-6　显微镜

人的外貌、性格等某一特征；显微镜重在故事情节，从一个点到一个面。

夸张手法追求的是“神似”而不是“形似”，说的都是日常生活中不可能出现的。但是，夸张手法运用者因此表达出来的情感却是真切而又深刻的。这样一来，就把“不可能”的事变成了“可能”。以夸张手法反映出来的现象虽不同于现实生活，但它是从现实生活中概括出来的，反而更有代表性。

动笔写一写

1. 教室里真安静。试着用夸张的手法写一写，看你能写出多少句。千万不要写“安静得掉下一根针都能听见”。

2. 今天真热啊。试着用夸张的手法写一写，看你能写出多少句。

3. 她的头发真长。就这句话试着用夸张的手法写一写，看你能写多少句。

（二）名篇精读 “皇帝的新装”也是你的新装

皇帝的新装[1]

安徒生

许多年前，有一位皇帝，他非常喜欢穿好看的新衣服。为了穿得漂亮，他不惜把他所有的钱都花掉。他既不关心他的军队，也不喜欢去看戏，也不喜欢乘着马车去游公园——除非是为了炫耀一下他的新衣服。他每一天每一个小时都要换一套衣服。人们提到他，总是说：“皇上在更衣室里。”

在他所居住的那个大城市里，生活很轻松，很愉快。每天都有许多外国人到来。

有一天，来了两个骗子，自称是织工，说能织出人间最美丽的布。这种布不仅色彩和图案都分外美观，而且缝出来的衣服还有一种奇异的特性：凡是不称职的或者愚蠢得不可救药的人，都看不见这衣服。

“那真是理想的衣服！”皇帝心里想，“我穿了这样的衣服，就可以看出我的王国里哪些人不称职；我就可以辨别出哪些人是聪明人，哪些人是傻子。是的，我要叫他们马上为

[1] 安徒生. 皇帝的新装//安徒生童话. 北京：商务印书馆，2012. 这篇童话被收录进人教版《语文》七年级上册，与本文文字略有不同。

我织出这样的布来！”于是他付了许多钱给这两个骗子，好使他们马上开始工作。

他们摆出两架织布机来，装作是在工作的样子，可是他们的织布机上什么东西也没有。他们不断地请求皇帝发一些最好的生丝和金子给他们。他们把这些东西都装进自己的腰包，却假装在那两架空空的织布机上忙忙碌碌，直到深夜。

“我倒很想知道他们究竟织得怎样了。”皇帝想。不过，想起凡是愚蠢的或不称职的人是看不见这布的，他心里的确感到有些不大自在。他相信他自己是无须害怕的，但仍然觉得先派一个人去看看工作的进展情形比较妥当。全城的人都听说这织品有一种多么奇异的力量，所以大家都很渴望借这个机会来测验一下：他们周围的人究竟有多么笨，或者有多么傻。

“我要派我诚实的老大臣到织工那儿去。”皇帝想，“他最能看出这布料是个什么样子，因为他这个人很有理智，就称职这点说，谁也不及他。”

这位善良的老大臣来到那两个骗子工作的屋子里，看见他们正在空织布机上忙碌地工作。

“愿上帝可怜我吧！”老大臣想。他把眼睛睁得有碗口那么大，“我什么东西也没有看见！”但是他不敢把这句话说出来。

那两个骗子请他走近一点，同时指着那两架空织布机问他花纹是不是很美丽，色彩是不是很漂亮。这位可怜的老大臣的眼睛越睁越大，仍然看不见什么东西，因为的确没有什么东西。

“我的老天爷！”他想，“难道我是愚蠢的吗？我从来没有怀疑过我自己。这一点决不能让任何人知道。难道我是不称职的吗？不成！我决不能让人知道我看不见布料。”

“哎，您一点意见也没有吗？”一个正在织布的骗子说。

“啊，美极了！真是美极了！”老大臣一边说，一边从他的眼镜里仔细地看，“多么美的花纹！多么美的色彩！是的，我将要呈报皇上，我对这布料非常满意。”

“嗯，我们听了非常高兴。”两个骗子异口同声说。于是他们就把色彩和花纹描述了一番，还加上些名词。老大臣注意地听着，以便回到皇帝那儿可以照样背出来。事实上他也这样做了。

这两个骗子又要了更多的钱，更多的丝线和金子，说是为了织布的需要。他们把这些东西全装进腰包，连一根线也没有放到织机上去。不过他们还是继续在空空的机架上工作。

过了不久，皇帝又派了另外一位诚实的官员查看工作进行的情况。这位官员的运气并不比头一位大臣好：他看了又看，可是什么东西也看不出来。

“你看这块布美不美？”两个骗子问。他们指着，装模作样地描述着一些美丽的花纹——事实上它们并不存在。

“我并不愚蠢呀！”这位官员想，“这大概因为是我不配有现在这样好的官职吧？这也真够滑稽，但是我决不能让人看出来！”因此他就把他完全没有看见的布称赞了一番，同时保证说，他对这些美丽的颜色和巧妙的花纹感到很满意。“是的，那真是太美了！”他对皇帝说。

城里所有的人都在谈论着这美丽的布料。

皇帝就很想亲自去看一次。他选了一群特别的随员——其中包括已经去看过的那两位诚实的大臣。在随员的陪同下，他就到那两个狡猾的骗子那里。那两个家伙正在全力以赴地织布，但是一根丝的影子也看不见。

“您看这布漂亮吗？”那两位诚实的官员说，“陛下请看：多么美的花纹！多么美丽的色彩！”他们指着那架空织布机，因为他们相信别人一定可以看得见布料。

“这是怎么一回事呢？”皇帝心里想，“我什么也没有看见！这可骇人听闻了。难道我是一个愚蠢的人吗？难道我不配皇帝吗？这可真是最可怕的事情。”“啊，它真是美极了！”皇帝说，“我表示十分地满意！”

于是他点头表示满意。他装作很仔细地看着织布机，他不愿意说出他什么也没有看到。跟他来的全体随员也仔细地看了又看，可是他们什么也没有看见。不过，他们也照着皇帝的话说：“啊，真是美极了！”他们向皇帝建议，用这新的、美丽的布料做成衣服，穿着这衣服去参加快要举行的游行大典。“这布真美丽！真精致！真是好极了！”每人都随声附和着。每人都有说不出的快乐。皇帝赐给骗子“御聘织师”头衔，封他们为爵士，并授予一枚可以挂在扣眼上的勋章。

第二天早上，游行大典就要举行了。头天夜晚，两个骗子整夜不睡，点起十六支以上的蜡烛。人们可以看到他们是在赶夜工，要把皇帝的新衣完成。他们装作从织布机上取下布料。他们用两把大剪刀在空中裁了一阵子，同时用没有穿线的针缝了一通。最后，他们齐声说：“请看！新衣服缝好了！”

皇帝亲自带着一群最高贵的骑士们来了。两个骗子各举起一只手，好像拿着一件什么东西似的。他们说："请看吧，这是裤子，这是袍子！这是外衣！""这衣服轻柔得像蜘蛛网一样，穿着它的人会觉得好像身上没有什么东西似的，这也正是这些衣服的妙处。"

"一点也不错。"所有的骑士都说。可是他们什么也没有看见，因为实际上什么东西也没有。

"现在请皇上脱下衣服，"两个骗子说，"好让我们在这个大镜子面前为您换上新衣。"

皇帝把他身上的衣服都脱下来了。两个骗子装作一件一件地把他们刚才缝好的新衣服交给他。他们在他的腰周围那儿弄了一阵子，好像是为他系上一件什么东西似的——这就是后裾。皇帝在镜子面前转了转身子，扭了扭腰。

"上帝，这衣服多么合身啊！裁得多么好看啊！"大家都说，"多么美的花纹！多么美的色彩！这真是贵重的衣服！"

"大家都在外面等待，准备好了华盖，以便举在陛下头上去参加游行大典！"典礼官说。

"对，我已经穿好了，"皇帝说，"这衣服合我的身吗？"于是他又在镜子面前把身子转动了一下，因为他要使大家觉得他在认真地观看他的美丽的新装。

那些托后裾的内臣都把手在地上东摸西摸，好像他们真的在拾起衣裾似的。他们开步走，手中托着空气——他们不敢让人瞧出他们实在什么东西也没有看见。

这样，皇帝就在那个富丽的华盖下游行起来了。站在街上和窗子里的人都说："乖乖！皇上的新装真是漂亮！他上衣下面的后裙是多么美丽！这件衣服真合他的身材！”谁也不愿意让人知道自己什么也看不见，因为这样就会暴露自己不称职，或是太愚蠢。皇帝所有的衣服从来没有得到过这样的称赞。

“可是他什么衣服也没有穿呀！”一个小孩子最后叫出了声来。

“上帝哟，你听这个天真的声音！”那个孩子的爸爸说。于是大家把这孩子讲的话在私下里低声传播开来。

“他并没有穿什么衣服！有一个小孩子说他并没有穿什么衣服呀！”

“他实在是没有穿什么衣服呀！”最后所有的老百姓都说。皇帝为之一震，有点儿发抖，因为他觉得老百姓所讲的话似乎是真的。不过他心里却这样想：“我必须把这游行大典举行完毕。”因此他摆出一副更骄傲的神气。他的大臣们跟在他后面走，手中托着一条并不存在的后裙。

1. 名家简介

安徒生，丹麦 19 世纪童话作家，被誉为“世界儿童文学的太阳”。代表作有《海的女儿》《拇指姑娘》《卖火柴的小女孩》《丑小鸭》《皇帝的新装》等。

这个“这个长不大的孩子”，改变了以前童话以成人的口吻叙事的方式，把叙事者变为孩子，用孩子的口吻来讲故事，用孩子的眼睛来感受世界，语言直白、自然，用一些生动但不离谱、神奇而不怪诞的故事情节讲述一个个深刻的道理。阅读时，令人既会感受到许多意想不到的场景所赋予的鲜活的生命力，又明明知道是夸张却觉得异常真实。

区别于一般的童话，他的作品深处总蕴涵着他对人性和人生问题深邃而独到的见解，不仅适合孩子阅读，也适合成人阅读。对于拥有生活阅历的成人来说，更能从中体会到童话的内涵和深度。

2. 思维导图

见思维导图 3–7：《皇帝的新装》。

3. 导图解读

这是一个关于诚实和欺骗的故事。童话用夸张的手法，以极致的形式写了皇帝赤裸举行游行大典的丑剧。

（1）思想角度解读

骗子行骗，就是伪装自己，不让别人发现自己的真实目的，跟并不存在的所谓的"新衣服"在性质上是一致的，所以安徒生选择了这个角度——用看不见的"新装"来揭露看得见的虚伪和丑陋。

为了让这种效果真实，他设定了前提：皇帝有爱穿新装的怪癖；接着又设置了夸张和讽刺的引子——衣服有一种奇异的特性，任何不称职的或者愚蠢得不可救药的人，都看不见这衣服。

这个引子是贯穿故事始终的主线，作者展开情节、安排材料、刻画人物都是围绕这一主线进行的，让故事在意料之外，又在情理之中。读过之后，你能感受到皇帝的昏庸及大小官吏的虚伪、奸诈、愚蠢，还能对孩子敢于揭假的童心竖起大拇指。

思维导图 3-7 《皇帝的新装》

（2）文章布局解读

①第一段交代皇帝喜欢穿新装的怪癖，这是丑剧得以发生的前提。四个“不”——“不惜”“既不关心”“也不喜欢”“也不喜欢”，很好地点出了怪癖的严重程度。最后一句尤其精彩——“人们提到他，总是说：‘皇上在更衣室里。’”这哪里是皇帝，比现在爱美的明星还要过分。

②第二段到第五段写骗子投皇帝所好，轻而易举地骗过皇帝，开始“做”新装。这是故事的开端。第四段主要是皇帝的心理描写，进一步展示了皇帝的内心世界，为后面的故事埋下伏笔。第五段主要用对比的手法，写出了骗子的无耻和骗术的毒辣。

③第六段到第三十三段，写众人被骗，这是全文的重点，从诚实的老大臣，到官员，再到皇帝自己，最后到大小官吏和百姓，都明明没有看到衣服，却都赞美衣服的美，夸张和荒谬到极致，全因不想承认自己不称职或愚蠢。

高潮部分是皇帝穿“新装”参加游行大典，活动范围从房间到宫廷再到城市，相应地，丑剧的影响也在扩大，情节的夸张在这儿一步紧跟一步，使人在荒诞中感受真实。

④第三十四段到第三十七段，天真的孩子揭开了骗局，说了真话，进而影响到更多百姓说出真话。可是，皇帝及官员为了维护自己的威严，不能在公众面前暴露自己的愚蠢和不称职，只好硬撑着举行完了游行大典。这个结尾非常有意思，夸张中有深度：一是，无论骗术多么高明，总有被戳破的一天；二是，被骗往往不是因为智商，而是为了面子。

（3）夸张技法解读

这篇作文多处用到了夸张技法中的三种方法，这里每处选择一句来解释。

1）放大镜

“这衣服轻柔得像蜘蛛网一样，穿着它的人会觉得好像身上没有什么东西似的，这也正是这些衣服的妙处。”

那些托后裙的内臣都把手在地上东摸西摸，好像他们真的在拾起衣裙似的。他们开步走，手中托着空气——他们不敢让人瞧出他们实在什么东西也没有看见。

衣服轻柔的感觉，被用放大夸张的方式表达了出来。托后裙的内臣的动作，更是夸张之极，托着空气却还一本正经，显得无比滑稽。

2）哈哈镜

许多年前，有一位皇帝，他非常喜欢穿好看的新衣服。为了穿得漂亮，他不惜把他所有的钱都花掉。他既不关心他的军队，也不喜欢去看戏，也不喜欢乘着马车去游公园——除非是为了炫耀一下他的新衣服。他每一天每一个小时都要换一套衣服。人们提到他，总是说：“皇上在更衣室里。”

以哈哈镜的放大方式来写皇帝，只抓住了他一个特点：喜欢穿新衣服，为了这，花掉所有钱，每一天每一点钟都要换一套衣服。这是不可能的，但夸张之后会让人觉得非常真实，一个患有严重怪癖的皇帝形象就竖立在了读者面前，人物呈现出漫画的效果，为后面的荒诞奠定了最好的性格基调。

如果没有用哈哈镜的夸张法，可能就是——

许多年前，有一位皇帝，他非常喜欢穿好看的新衣服。为了穿得漂亮，他不惜花掉很多很多的钱，而且经常换新衣服。

若如此，则效果大打折扣，显得很平淡，没有写出这个爱穿新衣服的皇帝的极端之处。

3）显微镜

显微镜夸张在这篇童话里最明显。一般的夸张用法是一句或一段，而这里是整篇夸张，情节的夸张有趣而生动。

首先是两个骗子，夸张说“缝出来的衣服还有一种奇异的特性：凡是不称职的或者愚蠢得不可救药的人，都看不见这衣服”。

接着，两位大臣去查看衣服制作进度，回来却装模作样地骗皇帝说，衣服有多么多么漂亮。

最夸张的是游行大典，明明没穿衣服，可大家都称赞衣服的美，直到小孩子点破了骗局，可皇帝和官员们还要继续完成裸体游行大典。

面对骗局，他们那样的心理、那样的言行，固然荒唐可笑，却又是十分自然，夸张里加入了想象，想象的丰富和合理为夸张加了一对飞翔的翅膀。无论什么人，从皇帝到大臣到一切官员，直到老百姓，有职位的怕丢职位，没有职位的怕人家嘲笑自己太愚蠢，几乎人同此心。但是，各色人等，由于地位的不同，心理和言行也有细微的差异。

4. 我要怎么学

（1）人物做夸张事前要先铺垫

当夸张用到全篇的时候，人或者事都会有种幽默效果，要让这种幽默可信，让后来人物所做的事情不唐突，在作文开笔前要先给人物定性，以简单的笔墨夸张出人物的特点。比如《皇帝的新装》

中，一开始就写皇帝爱穿新衣的怪癖。

此前提到的契诃夫的《套中人》，也是一开始就给别里科夫做了铺垫，后来他的荒唐行为就能理解了。

如果你要用夸张手法来写整件事或者某个人，可以试着在一开始就简单概括人物的特点，先用夸张手法做一番介绍，而不是人物一出场就写夸张的情节。这个介绍相当于给读者一个缓冲，让他们准备好接受这是一个夸张的故事，在看似不真实中体会到极度的真实。

（2）夸张情节一环扣一环

最有魅力的夸张在情节上，这里要发挥显微镜的魔力。一个人在某一场合做出夸张的举动，他需要一环扣一环，这样的反复和节奏才能让人感受到真实，因为这不是一时兴起，而是内在的性格所决定的。写人写到性格，才算真正地认识了某个人。

《皇帝的新装》从皇帝让两位骗子缝制新衣开始，到皇帝派两位大臣去查看，再到皇帝自己和群臣一起去看，最后参加游行大典，被揭穿后还要强撑着将游行举行完毕，每一处都是夸张。这一路夸张下来，每个人的性格都得到了很好的体现，越发让读者相信：这样的事情真的就发生在此刻、发生在当下，只不过有时变换了一下内容。

当你写一个夸张的人物时，他的一系列举动必须一路夸张，这样的人物形象才会越来越深刻。

（3）越是夸张，叙述就越要平静

夸张就像讲笑话一样，你作为讲笑话的人是不能笑的，要的是逗别人笑。体现在作文里，叙述时要平静、冷静，不要带感情色彩，不要太急。让读者在你一本正经的夸张里感受幽默的效果，正如一句俗语所说："响鼓不用重锤"。

比如写皇帝穿新衣的一段——

> 皇帝把他身上的衣服都脱下来了。两个骗子装作一件一件地把他们刚才缝好的新衣服交给他。他们在他的腰周围那儿弄了一阵子，好像是为他系上一件什么东西似的——这就是后裙。皇帝在镜子面前转了转身子，扭了扭腰。

这么荒唐的事情，可安徒生叙述得多么严肃和平静，并没有发表几句自己的看法，就像这是一件极度正常的事情一样。

如果我们换成比较急躁、带着评价的叙述，效果可就大不一样了——

> 皇帝把他身上的衣服都脱下来了。两个骗子一件一件地把他们刚才缝好的新衣服交给他。可是天啊，那根本就没有衣服，他们却在他的腰周围那儿左弄弄、右弄弄，弄得煞有介事的，还告诉他这是后裙。愚蠢的皇帝穿上所谓的后裙，还在镜子面前转了转身子，扭了扭腰。他竟然不知道，自己是光着身子，上面什么都没有。

这种叙述就代替了读者的思考和想象，把自己的观点强塞给读者，没有了幽默感。

动笔写一写

《皇帝的新装》写的是关于诚实的童话，用夸张的手法贯穿全文。请你构思一个关于懒惰的童话故事，试着用上夸张的手法，字数400字以上。

看着文字你能笑出声来

学习完《皇帝的新装》，对照文字画了思维导图，试着理解了作者安排文章的内在逻辑和夸张的技法后，我们就需要动笔写一写，练练怎么运用夸张的手法来写一篇作文而不是一两句话。要知道，不管是气象、物品还是人物，都可以用夸张的手法，让别人在读到你的文字时笑出声来。

1. 天气的夸张

用夸张的手法写日常生活中的天气，比如武汉夏天的热，你会怎么写？

武汉市武珞路小学五年级的熊倬宁写道：

> 武汉的名字应该是写错了，我认为应写为“捂汗”。
>
> 每到夏天，就是坐在教室里也会不停地流汗，空调和风扇里吹出来的都像是热风，大家都不敢说话，生怕说话呼出来的气使空气变得更热了。

热的感觉一下子就被直接感受到了。

在这类夸张中，会有调侃的味道，但作文不能为了调侃而调侃，还要有故事，带出人物最真实的感受。

冰箱

吴睿伊

湖北省武汉市华中农业大学附属小学五年级

我被吵醒了……

接着又是一声惊天动地的巨响，一颗如西瓜大小的冰雹从天而降。不对，我这是在哪儿？

望望自己——被被子裹得严严实实，仿佛是个粉红色的蚕茧。换作往常，整个床单几乎都会被我的汗打湿，但这次……这次怎么还在瑟瑟发抖？明显感觉自己身处冰凉的冰箱，外面的一切都是冷冰冰的。

我跳下床，瞧向这个陌生的房间，床底下的火光吸引了我。俯下身子，一看：啊！那不是著名的“床火炉”吗？——放置在床下，使床和人暖和。难道我在哈尔滨？

带着惊奇，我打开衣柜。不会吧？全是大棉袄！一向不爱厚东西的我，居然犹犹豫豫地将手伸向棉袄，把它拎起，套在了自己身上。霎时，我重重地亲了它一口，如获至宝似的望着棉袄，我第一次体会到棉袄为我带来的安全感。

我一时不敢相信，一生竟能遇上这么大的雪！昨晚“火炉”武汉到处还是绿油油的树叶，怎么一到哈尔滨，就到处都是晶莹剔透的了？不对，准确地说，树上并没有树叶，取而代之的是大大小小的冰锥，就那么轻轻地挂在了树枝上，使整棵树变得漂亮极了！

好奇心驱使着我推开门，走到冰天雪地之中。“呲——”的一声，不好！这雪也太深了吧？我使劲儿拔出脚，才得以让它“获救”。

其他的哈尔滨人，简直看不到他们抬脚。我学着他们的样子，左右脚一前一后，在花白的雪中摩擦着。他们走过的地方，则留下了一条弯曲而深的“小路”。这般大的天然雪地好似大海汹涌的浪花，随时准备将人们卷进汪洋大海。

我为能够找到这么好的走路方式而哼起了小曲，哪知刚呼出去不到一秒钟的热气，“哗”一下全成了冰碴子，掉落进了雪地里。还有些没出口的就被冻成了冰，堵在我的口中……

“呀！那不是火炉吗？”我心中又惊又喜，但不敢发出声，怕一下子嘴里就会塞满小冰碴。

烤了会儿火，身后传来说话声，问我要什么。我看看别人的桌上几锅冒着热气的火锅，知道这家是火锅店，我也就点了个火锅，开始吃起来——真美味！为什么我在武汉却不爱吃呢？这种纯手工火锅一下子温暖了我的心。

哈尔滨是个巨大的冰箱，我则是里头的一棵小辣椒，外面是冷的，里头却是热乎的……

吴睿伊的这篇作文用到了夸张的放大镜魔法，把哈尔滨的冷放大，对比武汉的热。夸张的情节从房间到房外，再到餐厅，最后回到题目里的总夸张——哈尔滨是个巨大的冰箱。其中写到说话冷的那一段，模仿了杨澜，写得很生动——“刚呼出去不到一秒钟的热气，‘哗’一下全成了冰碴子，掉落进了雪地里。”“还有些没出口的就被冻成了冰，堵在我的口中……”“不敢发出声，怕一下子嘴里就会塞满小冰碴。”三处夸张有层次感，幽默中带着真实，让人读着文字都触到了寒气。

再来欣赏一篇用夸张来写天气的，看看有什么不一样的感觉。

在火炉中的我

伍妍琛

湖北省武汉市武汉外国语学校美加分校五年级

与往常不一样，今天我是被热醒的。放在床头柜上的那台无叶电风扇，声音越来越小，风速也越来越小，逐渐消失。我慢慢从床上爬了起来，却发觉床单上湿湿的。不会吧！我都这么大了！再摸摸睡衣，一滴滴汗珠就像小虫子一样，爬满了后背，简直就是“臭汗逆流成河”。

走到洗手台前，打开水龙头，流出来的不是水，而是一团团火——烫着我了。心烦，我只好用矿泉水凑合用一下了。

别人都说，武汉有许多好玩的景点、好吃的东西，秋天去东湖骑骑车，春天去磨山赏赏花，冬天去碧桂园泡个温泉。夏天？恭喜你，来对地方了，武汉的夏天最有名。出门溜一圈，你就可以骄傲地说：我去非洲大沙漠玩了一趟。

俗话说：心静自然凉。可我现在心都已经烤糊了，还静得下来吗？呵，我在想，后羿射日的时候，干吗不把最后一个太阳也射下来！待在寒冷的黑暗之中，总比被太阳烤成人肉干要好多了。

现在反正心也静不下来了，还是去冰箱里待着吧。我赶忙跑进厨房，打开冰箱上层，把上半身伸了进去，手在冰箱之中来回摩擦着，足足站了十分钟。冰凉是短暂的，背后扑来的是一阵阵热风，我的鞋子像被粘在了炎热的地板上，心中像有一团火焰在燃烧。

武汉的夏天，名不虚传。

伍妍琛的这篇跟吴睿伊《冰箱》的开头很类似，都是从具体场景开始，这样的好处是直接带着读者走进你所设定的场景里，进入作文的速度很快，而不需要像一个导游在那儿啰里吧嗦地介绍。

起床怀疑尿床了，水像火一样滚烫，两处生动的夸张把武汉的热放大；接下来的站在冰箱前写得更加有趣，特别是——背后扑来的是一阵阵热风。这三处所写触及夸张手法使用中一项常用的技法：亲身经历。这些都是伍妍琛的亲身经历，她感受很深，将写的拿着放大镜放大罢了，能令人产生更深刻的印象。

用你的五官去好好感受这个世界，再用夸张的手法提炼这种感受，把它写下来，让它成为耀眼的一句话、一段话甚至是一篇作文。

2. 写人的夸张

掌握了夸张的手法后，一旦用在写人作文上，效果会非常明显，人物好像自带光环一般，能给读者留下深刻的印象。

怪人杨老师

孟庆恩

湖北省武汉市江汉区天一街小学六年级

“呸呸呸！马天霖快点去给我拿水杯来！呸呸呸！”杨老师吼出这句话的时候，我正在一旁拼命地拿纸擦手，一直擦到手都红得像熟虾时才肯罢休。

杨老师是学校怪人一枚，总有些让人看不懂的举动：闹腾起来，可以顶破教室天花板；严肃起来，连苍蝇都不敢乱飞，乖乖听课。

那天，是杨老师的语文课，我偏偏走神了，没事儿就坐在位子上干啃右手大拇指。杨老师看到我，眉毛都皱到头发上，大吼：“孟庆恩，手指有那么好吃吗？酸的、甜的、苦的，还是辣的啊？”

“咸的！”我漫不经心地回答。

杨老师从讲台上走下来，抬腿的瞬间，教室刮了一阵风，黑板上的粉笔灰纷纷震落了下来。到了我桌前，他一个急刹停了下来，眼睛盯着我，一声大嗓门：“孟庆恩，我还偏要尝尝！”

桌上的笔被震到了地上，我顾不上捡，低着头，等着挨骂。可还没等我说话，杨老师一把抓起我的手啃了下去！

全班懵了三秒。之后，就像水库放闸了一般，惊讶声、欢呼声把墙上挂的画都震到了地上。

我飞快地去拿纸，杨老师飞快地要马天霖去拿水杯。我要是以这样的速度参加100米冲刺，弱项的体育能扭转，肯定拿到全校第一名。

同学们哈哈大笑，还有的雪上加霜：

“杨老师，他上厕所不洗手的！”

“他抠过鼻屎的！”

“他抠过臭脚的！”

杨老师连连作呕，呕得教室里都是他的吐沫星子。

水来了，杨老师二话不说，拿起水杯，冲向教室外，“噗”的一口。教室里笑翻了天，天都塌了。

下课后，有人问杨老师：“咸猪蹄好吃吗？”

“不好吃，不是咸的，怪味蹄！”于是又引发了一阵哄堂大笑，震得苍蝇都晕了头，撞墙掉地上了。

看到这篇写人的作文，别告诉我，你没有笑出声。孟庆恩很好地用上了夸张的三个魔镜：放大镜、哈哈镜、显微镜。

①放大镜。一开笔，擦手的动作就展示了夸张的魅力——一直擦到手都红得像熟虾时才肯罢休。如果不用夸张，可能就只是——一直擦到手都红了才肯罢休。

后面写到教室的场景，也多次用到了放大镜的功能，让平淡的句子有了活力。

②哈哈镜。第二段用闹腾和严肃两方面的夸张，精准概括出杨老师的怪异的性格特点，像哈哈镜照出来的一样。这一段就像《皇帝的新装》的第一段一样，成为全文的铺垫，有了它，才能理解杨老师在课堂上为什么要啃“我”的手指。

③显微镜。怪的性格在作文里被放在显微镜下放大，情节还

一环扣一环，从问味道，到走过来，再到啃“我”手指，然后漱口吐，最后还直言这是“怪味蹄”，撑起了整篇作文的幽默感。

需要注意的是，当我们写到弱势群体时，运用夸张手法时不能丢掉同情心，不然就是刻薄的讽刺，而丢失了真情。

动笔写一写

用夸张的手法写一个人。先抓住这个人最重要的特点，然后一开笔就用夸张的手法概括特点，给全文做好铺垫；接下来，在具体故事中用上夸张的情节，一环扣一环。当然，别忘了把一些平常用来表达的句子也改成夸张句。450字以上，题目自拟。

四

细 节

跟流水账说拜拜

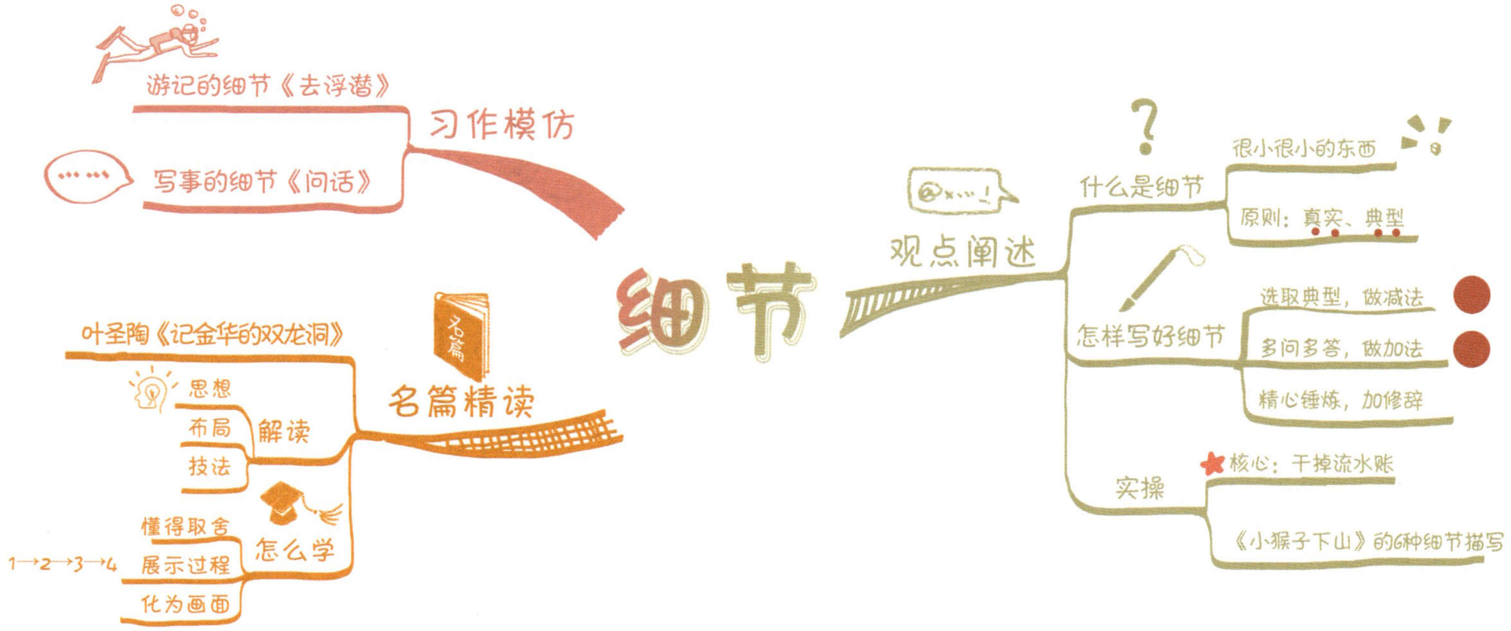
细节
习作模仿
游记的细节《去浮潜》
写事的细节《问话》
名篇精读
名篇
叶圣陶《记金华的双龙洞》
解读
思想
布局
技法
怎么学
懂得取舍
展示过程
1→2→3→4
化为画面
观点阐述
什么是细节
很小很小的东西
原则：真实、典型
怎样写好细节
选取典型，做减法
多问多答，做加法
精心锤炼，加修辞
实操
核心：干掉流水账
《小猴子下山》的6种细节描写

本章结构图

“如果被带到一个陌生的国度，如何分辨它是否发达？”

2004 年 3 月 27 日，四川大学学术报告厅，台湾女作家龙应台给出的答案是：一场雨足矣。最好来一场倾盆大雨，足足下它三个小时。如果你撑着伞溜达了一阵儿，发觉裤脚虽湿却不肮脏、交通虽慢却不堵塞、街道虽滑却不积水，这大概就是个先进国家；如果发现积水盈足，店家的茶壶、头梳漂到街心来，小孩在十字路口用锅子捞鱼，这大概就是个发展中国家。

大到国家跟国家的区别，小到地方跟地方、人跟人、事情跟事情的区别，核心在于细节，从细节处体会，你会发现一个全新的世界。

作文的细节，就像人身体的细胞一样，是必不可少的部分。要写好作文，最好的切入口就是细节描写。细节种类繁多，在小学生作文中，缺少细节最主要的表现形式就是流水账，所以这一章我们侧重从流水账的角度来谈细节的打磨。

（一）观点要牢记

写好细节，学会自问自答

1. 什么是细节

细节，就是很小很小的东西。你把它抓住了，具体的内容就写出来了。别人看到你的文字，能想象出具体的画面，甚至画面在脑海里像电影一样呈现出来。

没细节的作文，就像没有放盐放糖放酱油的菜。

有细节的作文，就是一道美味、色香味俱全，并且让人忍不住多看几眼、多想几下的佳肴。即使过去了很久，它也会在某个时刻再次撞击你的心灵。它就像埋下一粒种子，会在心里默默发芽。

简单说，细节描写是抓住生活中细微而又具体的典型情节，加以生动细致的描绘。它具体渗透在对人物、景物或场面的描写之中，是抓住人物、景物、事件等表现对象的富有特色的细枝末节。

先来欣赏两段话，感受一下细节的魅力。

①每天放学后，我和英子姐骑着自行车，在巷子里转。每次骑到拐弯处的大陡坡，王奶奶总叫我们慢点骑。然后就是外婆叫我们回家吃饭了。

②每天放学后，我和英子姐骑着叮当乱响的自行车，在巷子里快活地满处转兜，人们听到“哐当哐当”声，就知道我们放学了。拐弯处有个大陡坡，每次骑到这儿，总会让旁边院子里的王奶奶揪起心来，她会忍不住隔着墙喊上一声：“丫头，

悠着点，慢慢骑。”话音未落，我们早已疾驰得无影无踪了。不一会儿，外婆的声音在巷子里回响：“墨儿，英子，回家吃饭了！”

——湖北省武汉市育才小学四年级 张吾墨：《邻家旧事》

写的事情没有变化，还是小孩子骑自行车在巷子里玩，可好坏立马呈现出来。第二段也就是张吾墨的文字中包含了大量的细节——

①自行车——叮当乱响的。

②在巷子里转——快活地满处转兜，人们听到“哐当哐当”声，就知道我们放学了。

③王奶奶总叫我们慢点骑——总会让旁边院子里的王奶奶揪起心来，她会忍不住隔着墙喊上一声：“丫头，悠着点，慢慢骑。”话音未落，我们早已疾驰得无影无踪了。

④外婆喊我们吃饭——不一会儿，外婆的声音在巷子里回响：“墨儿，英子，回家吃饭了！”

到底什么是好的细节描写？你需要先掌握两个原则：一是真实，二是典型。

（1）真实——细节的生命

为什么要真实？因为小学生没有亲身经历或者没有类似感受，一旦开始编造，细节就会失真，这样的地方老师一眼就能看出来。即使优秀的作家也不能随意编造细节，他必须根据人物的性格特点，融合自己在生活中的观察和阅读所获得的体验来写细节，让细节更接近真实。

比如，2018年有一则新闻：云南省曲靖市的学霸崔庆涛在工地上收到北大录取通知书，他17岁了还没有用过微信，收到通知书的时候正在拌水泥。丁丁老师让孩子写崔庆涛收到通知书时的场景，写出细节来。有的孩子是这样写的——

工地上种了一些花，这个季节正灿烂开着。崔庆涛在太阳下挥动着工具，高大的身影投在地上，脸白白的，手很细嫩。

一看，就知道没去过工地，也没有在书中读过类似场景，或在网上看过视频。这里确实写了细节，可太不真实，跟人物完全不符合。

湖北省武汉市育才第二小学五年级的李婧语这样写道——

前面不远处就是搅拌工地了，车子在凹凸不平的土路上颠簸着，我放慢车速，目光四处搜寻着学生模样的人。

扬尘渐渐散去，前方露出了一个红衣少年，正用铁锹吃力地往板车上铲着泥土；一名中年妇女戴着已经看不出颜色的棉纱手套，用簸箕铲着泥土。我匆忙下车，询问他们是否认识崔庆涛。小伙子用手擦去额头上的汗珠，腼腆地朝我微笑："我就是崔庆涛。"

我倏地怔了一下，又忙回过神来，取出珍藏好的红色邮件给他看。崔庆涛快步走到旁边一个盛水的白色塑料缸前，黑乎乎的双手在水中使劲地搓洗，然后在衣服上草草擦干。一双粗糙的手接过信封，仔细地盯着收件人的名字，反复核对，正是他自己。他挥舞着双手，对着不远处的爸爸和妹妹大喊："北大的录取通知书！我收到北大的录取通知书了……"崔庆涛的爸爸扔掉手上的工具，小跑过来。妹妹飞奔而来，眼神里充满了羡慕。

作家赵树理说过："细致的作用在于给人以真实感，越细致越容易使人觉得像真的，从而使看了以后的印象更深刻。"李婧语的这段就像真的，令人印象深刻。如果细节不真实，那就成了无用的东西，甚至起反作用。此前那一段就起了反作用：哪有在工地干活的人手还细嫩，脸还白白的？工地还这么美，种着花？

（2）典型——要学会选择

当我们有了细节意识，会发现作文里其实每句话都可以添加很多内容，每个地方都可以暂停一下。可到底哪些细节是有用的、哪些是可以省略的，需要你在众多细节中选择最具代表性的。比如写人，这些细节往往是这个人所特有的，能更好地深化主题。举个例子，写父亲可以有很多方面，朱自清的《背影》却只抓住最典型的一处细节：背影，而且是父亲为"我"买橘子艰难爬月台的背影。这个细节包含了父亲对儿子深深的爱，成为文学史上最经典的背影。

写人的外貌，包含的东西有很多——头发、额头、眼睛、鼻子、嘴巴、脖子、手、背、脚等。如果每个地方都写细致的话，难以给人留下印象，这时你需要选择最典型的，找到这个人跟其他人的区别。

鲁迅这样一位大作家，在大家眼里是"横眉冷对千夫指，俯首甘为孺子牛"的样子。写他的文章很多，大抵都是这样，可作家萧红的角度完全不同，在她眼里，鲁迅是——

鲁迅先生的笑声是明朗的，是从心里的欢喜。若有人说了什么可笑的话，鲁迅先生笑的连烟卷都拿不住了，常常是笑的咳嗽起来。

这样一个笑点很低的鲁迅，你见过吗？这可是用“生命”在笑啊。萧红很好地抓住了鲁迅的典型特点。

2. 怎样写好细节

要写好细节，需要积累，随时随地记录下观察和灵感。凡是大作家，都写过很多记录细节的笔记。

有一次，契诃夫对别人说：“您知道我在做什么？十多年来我一直在这笔记本上记我自己的一切见解和印象……还没用的材料，足够写大约五百个印张。足足可以写五年呢。”《契诃夫手记》中记录了两个细节：

> ①一个老富翁，感到自己快死了，拿了一盘蜜来，和着蜜把自己的钱都吞下肚去了。
>
> ②被车轮轧断一条腿的人，老是放心不下那条断腿的靴子，后来设法找来断腿，原来靴子里有二十一个卢布。

这些后来都写进了他的小说《醋栗》里，成为令人过目不忘的精彩细节。

丁丁老师在书里不做传统的细节分类，如动作细节、外貌细节、环境细节、心理细节等，这些分类是从使用场景角度来说的。这里，我们将思考一个精彩细节的产生过程，也是细节描写的思维流程，懂得了这个，就可以将其运用到不同场景里。这个过程一般分三步：先选典型细节，做减法；再多问多答，做加法；最后是精心锤炼，加修辞。

（1）选典型细节，做减法

细节是把一个人、一件事、一处景想尽办法写细致。在写之前，要仔细回忆，在脑海中绘制整个过程。动笔的时候，要学会选择最重要的，把它们挑出来，这些就是典型细节。这一步是从众多选择当中做挑选，做减法。

比如写一个花园，里面东西可多了，有各种各样的花，有树，有蚯蚓，有土壤，有小路，有草，有篱笆，等等，难道都要写下来？那就成了流水账。

作家萧红在《祖父的园子》[1]一开笔这样写道——

> 我家有一个大花园，这花园里蜜蜂、蝴蝶、蜻蜓、蚂蚱，样样都有。蝴蝶有白蝴蝶、黄蝴蝶。这种蝴蝶小，不太好看。好看的是大红蝴蝶，满身带着金粉。蜻蜓是金的，蚂蚱是绿的。蜜蜂则嗡嗡地飞着，满身绒毛，落到一朵花上，胖乎乎，圆滚滚，就像一个小毛球，停在上面一动不动了。

见思维导图 4–1：花园。

萧红只选择了蜜蜂、蝴蝶、蜻蜓和蚂蚱，其中蜜蜂写得最详细。这里的减法就体现了萧红的性格特点。对于花草之类的，作者记忆不深刻，独独对这些小动物念念不忘，因为它们更有活力，更能与自己互动，这更加说明萧红的人生是孤独与寂寞的。

比如写一个人，需要选择最典型的细节来刻画人物，不能从头写到脚，这样写没有重点。

湖北省武汉市武昌实验小学五年级的肖羽绮写了一篇关于爸爸的作文《秘书综合征》。妈妈说，已经有种种迹象表明，爸爸得了

---

[1] 萧红. 祖父的园子//语文：五年级下册. 北京：人民教育出版社，2009.

思维导图 4–1　花园

“秘书综合征”，而且症状正在加重。爸爸有那么多特点，但肖羽绮只抓住了爸爸最典型的一个。其中一段这样写道——

爸爸非常有礼貌，无论什么时候总是面带微笑，以至于到了晚上，要用双手使劲揉、按、搓、捏、捶脸半天。坐小车时，他总要抢先一步下车，替别人拉开车门，并用手背护在车门框上。家里电话铃响了，他总是等铃声响过两次以后，握着听筒，用标准的普通话说“你好”，然后不假思索地报上他单位的名称。

这一段之所以典型，一是这篇作文里爸爸的特点就是这样；二是有了这些细节，我们才能更好地理解爸爸“患病”的严重程度。

写一个人在病床上，又该怎样去抓典型细节？躺的姿势、眼神、桌上的药、床上的吊针、病号服、墙面的颜色，这些当然都可以写，不过，当你见到病人的那一刻，最触动你的细节是什么？不同的病症又有不同的特点，这位病人的典型细节又是什么？

湖北省武汉市红领巾小学五年级的何傲雪写了一篇作文《爷爷》，大致内容是：最爱抽烟的爷爷，害得奶奶得了肺病。其中一段写道——

奶奶躺在洁白的病床上，双目紧闭。四周白得刺眼，白得发虚。窗子打开着，没有风，一切都凝固了。奶奶痛苦的咳嗽声使我喘不过气来。

后面部分紧紧抓住了咳嗽的典型细节，使得奶奶这位病人显出了跟别人不一样的特点。更重要的是，这处细节对整篇作文有很重要的作用：一方面突出爷爷抽烟抽得太凶了，导致吸二手烟的奶奶生病；另一方面也为后面爷爷戒烟埋下了伏笔。

（2）多问多答，做加法

找到了典型细节，知道这处细节对整篇作文作用明显，下一步就要把这一处写得更细致。我们可以用加法。

比如，你写自己最喜欢的小狗生病了，在做手术，你很担心。典型细节就是在手术室外面的担心表现。至于到底怎么担心的，就需要多问多答了。

你有没有来回走动？心里在想什么？听到什么声音了吗？见思维导图 4–2：小狗。

湖北省武汉市光谷第二十六小学四年级的赵昭萌这样写道——

> 在手术室外边，我来回踱步，心就像塌了的房屋，一直往下掉。听见冰冷的尖叫声，耳朵被刺痛了。我可以想象，手术刀在它白色肚子上划过，血和绷带环绕着它，尽管用麻药，还是挡不住疼痛入侵。我还想起，当医生将它抱进手术室里，它伸出粉舌头，重重地舔了一下。那大眼睛里，是不舍和担忧，现在估计里面都是恐惧了。
>
> ——《狗》

再比如，开家庭会议讨论给孩子报补习班，爸妈意见不统一。这件事的典型细节就是爸妈的争论：分别说了什么话，动作神态是怎样的。

如果没有用到第二招“多问多答”，可能就是这样的——

> 午饭过后，爸爸提议召开一次前所未有的家庭会议。他说：“我建议适当地减少一些女儿的辅导班。”妈妈说：“减不了，减了成绩就会下滑。”爸爸示意我帮他，我却说：“我不累。”

思维导图 4-2　小狗

爸爸非常难堪。“她一共有七个兴趣班，周末比上学还赶。”妈妈望了爸爸一眼，他开始心虚了，继续说：“舞蹈班取消，没时间；奥数班取消，没帮助；作文班取消，有两个。”

妈妈说：“那你是想让她成个废物？”

“你理解错了，我不是那个意思。”爸爸说，“那她什么时候学游泳、什么时候才能去学一样乐器？总不能没才艺啊！”

妈妈生气地说：“暑假寒假不空闲？她又还小，这么着急干吗？”

爸爸争不过，只得说：“那我们不讨论这个了，我们来谈谈女儿的生活习惯。”

看完这段文字，至少过程清楚，你一言我一语争了起来，比一些孩子写的“爸爸妈妈争了起来，后来爸爸认输了”要详细多了。不过，我们还可以做得更好。

①爸爸召开会议的时候，动作、神情是怎样的？觉得自己很有把握说服妈妈吗？

②妈妈第一轮反驳时，有怎样的动作和神情？

③爸爸怎样示意我帮他，我又是怎么做的？

④爸爸难堪，到底是怎样难堪的？心虚又是怎样心虚的？

⑤爸爸说妈妈理解错了，这个地方表情应该有了大变化；被妈妈逼到只有不断解释，又有怎样的动作和表情？

⑥妈妈生气，到底是怎样生气的？

⑦爸爸争不过，有哪些表现？直接灰溜溜地认输吗？

当然，你还可以继续列出问题，列得越多，说明你思考得越成熟，能挖出的细节也越多。再来看看湖北省武汉市武汉外国语学校美加分校四年级的丁芊予是怎么做加法的——

家庭会议

丁芊予

湖北省武汉市武汉外国语学校美加分校四年级

心满意足的午饭过后，平时开朗的爸爸提议：开一次前所未有的家庭会议。

爸爸一脸严肃，正襟危坐："女儿的时间总是被塞得满满的，就像个盒子里挤满了豆芽。"他顿了顿，"所以我建议适当地减少一些辅导班。"

妈妈不屑地哼了一声，反驳道："减不了，减了成绩就会下滑。"

爸爸把期待的目光转向我，以为我会帮他。可我跟妈妈待的时间长，比较黏她，于是脱口而出："我不累。我可不想输在人生的起跑线上。"

爸爸脸上的肌肉僵硬了，用手挠了挠太阳穴——每次难堪的时候，他总这样做。但他重振旗鼓："她一共有七个兴趣班，周末比上学还赶。"

妈妈斜着眼，用带有敌意的目光盯着他。他开始心虚了，揉了揉太阳穴，继续说："舞蹈班取消，没时间；奥数班取消，没帮助；作文班取消，有两个。"

富有好强心的我半信半疑："别……"妈妈一把抢过话头："那你是想让她成个废物？没有特长，思维笨拙，文才受限啊？"

爸爸硬生生地把话咽了下来，整个人有点颤抖，扶着桌子，嘀咕不停："你理解错了，我不是那个意思。"似乎想寻找一个新话题，又抬起头，正好迎上妈妈轻蔑的眼神，想退缩，但又试图询问："那她什么时候学游泳、什么时候才能去学一样乐器？"趁妈妈思索的片刻，又插入一句："总不能没才艺啊！"

妈妈被点燃了，开始吼叫："暑假寒假不空闲？她又还小，这么着急干吗？"我也在一旁帮腔作势："别问如此愚蠢的问题。"

现在场上二比一，对爸爸非常不利。他脸红到了脖子根，但仍在努力辩解："那我们不讨论这个了，我们来谈谈女儿的生活习惯。"

我和妈妈都不动声色。"好吗？同意了？"他小心翼翼地来了一句。

妈妈挑了挑眉，这才勉强点头。

综观该文，爸爸妈妈气场上的强弱一下子就清晰地展示了出来，就像电影一样在我们眼前演了一遍，这就是细节带来的魅力；此外，还很好地刻画了爸妈和"我"的性格。

（3）精心锤炼，加修辞

第三步是把文字写生动，用上贴切的修辞手法，如比喻、拟人、夸张等修辞手法，这样可以增强语言的生动性。

比如写情绪的细节，这一类是最不好描述的，要学会把抽象变具体、把无形变有形。

假设你被同学喊住，说班主任老师找你，你担心要去挨批。其中的典型细节，你可以写天气、走路的姿势等；继而可以多问多答，再加上修辞技巧。

第一步：抓典型细节。

去办公室的路上，太阳很大。走的过程中，我很慢。到了门口，心里特别紧张。

第二步：自问自答。

我抬起左脚，向操场走去。太阳火辣辣的，不过却飞来了一大片乌云。我走得很慢，走一步挪一步。到了门口，心怦怦直跳。

第三步：巧用修辞。华中农业大学附属小学五年级的吴睿伊是这样写细节的——

我抬起左脚，向着操场对面一步一步地走去。旁边不时传来别人嬉笑打闹的声音，在我耳里，只觉得是嘲笑，心“哗”地一下落进了深渊。

天空中巨大的火球，被一大片灰色的乌云掩盖得严严实实。这样一来，去老师办公室的走廊就显得更阴暗恐怖了。

想着想着，我的脚步又放慢了许多。虽然没了太阳，我却一身湿湿的。慢慢抬起右脚上楼梯，动作却像个树懒。

来到办公室门口，我心里像即将戳破的气球，怦怦直跳。

见思维导图 4–3：心情。

吴睿伊这几段文字，首先用了对比的手法：同学的嬉笑在“我”看来是嘲笑，凸显了“我”心情的不好。再用夸张手法，写心落进了深渊。然后用“火球”比喻太阳，乌云对应心情。接着再用对比和比喻的手法：没有太阳还一身湿湿的，把慢动作比喻成树懒的动作。最后，用即将戳破的气球比喻心情的紧张。一系列的修辞手法，准确地展现了“我”紧张、担心的细节特点。

思维导图 4-3　心情

3. 细节训练的一次实操

这一章细节的重点是解决流水账问题，上面的系列操作是从多个方面搞清楚什么是细节，以及对细节的一些具体打磨技巧。那么，在一篇作文里，如何改掉记流水账的毛病，写出独特的细节呢？下面以一篇作文为例，来一次实操。

《小猴子下山》是人教版部编本一年级下册语文课文。一年级安排这样的课文没有问题，不过，如果到了三年级把作文写成这样，就犯了流水账的毛病：整个下山过程没有重点，也没有更多的细节。

小猴子下山

有一天，小猴子下山来，走到一块玉米地里。他看见玉米结得又大又多，非常高兴，就掰了一个，扛着往前走。

小猴子扛着玉米，走到一棵桃树下。他看见满树的桃子又大又红，非常高兴，就扔了玉米，去摘桃子。

小猴子捧着几个桃子，走到一片瓜地里。他看见满地的西瓜又大又圆，非常高兴，就扔了桃子，去摘西瓜。

小猴子抱着一个大西瓜往回走。走着走着，他看见一只小兔子蹦蹦跳跳的，真可爱，就扔了西瓜，去追小兔子。

小兔子跑进树林里，不见了。小猴子只好空着手回家去。

第一步，抓典型细节。整篇作文有六件事情：出门→掰玉米→摘桃子→摘西瓜→追兔子→回家。六件事情，你只能选择一件作为重点，其他可以不写，或者交代一两句就行了。

第二步，多问多答。假如你选择了下山，就可以问：小猴子下山的时候，爸爸妈妈是怎么交代的？小猴子以前下过山吗？他是只调皮的猴子还是老实的猴子？小猴子听到爸妈让他下山，心情怎样，会做些什么？

第三步，用好修辞。当有关情节的细节想好了之后，就需要把句子写精彩，用上恰当的修辞。

丁丁老师把这篇课文搬进作文课，把孩子们分成 6 组，下面来看看孩子们是怎么描写细节的。见思维导图 4–4 到思维导图 4–9。

小猴子下山 1：出门

常力戈

湖北省武汉市珞狮路小学三年级

“唉，我们家小猴子太贪玩了，得想个办法呀！”一天晚上，小猴子的妈妈对小猴子的爸爸说。

“办法也是有的，就不知道你同不同意了。”猴爸爸云里雾里地说。

“哎呀，有办法你就快说呀，别卖关子了。”猴妈妈皱着眉头。

“咳，咳。”猴爸爸清了清嗓子说，“办法就是让小猴子下山找食物吃，自己找的自己吃，要是贪玩没找到，自己晚上饿肚子。”

猴妈妈挠了挠头，刚要张开嘴巴却又闭上了。

“不说话就表示默认了啊。”猴爸爸说。

这时，猴妈妈说：“你的方法应该可以。试试吧。”

第二天早上，小猴子起床了，走到爸妈的房间，可他们

思维导图 4-4　出门

都躺在床上，还没起床呢。小猴子心想：都这么晚了，还没有起床？要不要去戏弄一下他们？

小猴子脸上露出了调皮的笑容，翻箱倒柜，翻出一根白羽毛，再走回爸妈房间。他走到猴爸爸盖的被子旁，把被子掀开，用白羽毛在猴爸爸的脚底板上挠来挠去。猴爸爸突然睁开眼睛。小猴子走到猴爸爸面前，大声叫道："老爸，起床给我做早饭啦！"猴爸爸装作虚弱的样子，把被子往上拉了拉，小声说："我和你妈妈生病了，你今天必须自己下山去找吃的。"

小猴子听完后，先有点扫兴，但后来又跳了起来：爸妈平常死活也不愿意我下山，今天一定要下山玩一次，去认识更多更多的好朋友，管它饿不饿呢！

小猴子蹦蹦跳跳地出了门。

出门前是最不好写的部分，课文里没有提供具体的事情，需要自己创设。这里假设的是，爸爸妈妈对小猴子做了一次考验，同时写清楚了小猴子的性格，精彩的细节是拿羽毛挠痒痒；此外，作者通过语言和动作细节展示了爸爸妈妈的性格特点。

小猴子下山2：掰玉米

王沁媛

湖北省武汉市沈阳路小学四年级

周末早晨，爸爸妈妈告诉小猴子："今天，我们交给你一个任务，你从山顶往下走，找一些粮食或水果上来……"小

思维导图 4-5　掰玉米

猴子信心满满，没等爸爸妈妈说完，就冲到门口，推开门，开始了一天的“奇妙之旅”。

一路上，小猴子蹦蹦跳跳，哼着小曲。太阳公公对着他笑，天空中那一群小鸟目不转睛地盯着他。他一会儿追追蝴蝶，一会儿望望那些小花小草。

突然，小猴子看见一块一望无际的玉米地，玉米地里一片黄、一片绿。哈哈，今天要大丰收了，爸爸妈妈肯定会奖励我的！小猴子跑到玉米地旁，像离弦的箭一样冲了过去，不管有什么“千难万难”。

小猴子走进玉米地，看见玉米的杆子笔直笔直的，抓住玉米扯了几次都扯不动，心“唰”的落到了谷底，“唉，硬邦邦的，谁能掰下来啊！”难道就这样死心了吗？干脆拼了。他左手按着杆子，右手使劲拽玉米，还喊着口号：“一二！一二！”终于把玉米掰了下来。

“唉！终于……终于好了！”小猴子气喘吁吁地说。玉米被绿色“外衣”包裹着，上面还有一丝皱纹。

太好了！回家不用挨打了！可是，旅途还没有完。

他两手把玉米往上一抬，放到了肩膀上，又开始了“奇妙之旅”！接下来，不知他又会遇到什么呢？

掰玉米的过程中，加入了眼睛所看到的、心里所想到的，还有一系列的动作，让课文里简单的一句话变成了一篇文章，这些都得益于细节描写。比如掰玉米的细节，先是扯几次都扯不动，再到喊着口号双手用力，最后扛着玉米走，过程清晰，重点突出。

小猴子下山3：摘桃子

陈谨睿

湖北省武汉市钟家村寄宿小学三年级

抱着刚刚掰来的大玉米，小猴子不停地抱怨——“太重了！太重了！”

小猴子盯着一只玉米上的蚊子，心里恨透了这玉米。

“当！”

“啊！”

他向后一退，撞到了什么，一只毛毛虫落到了他鼻子上。

小猴子仰头一望，一棵桃树立在眼前，上边红彤彤的一片，沉甸甸的。

“哇哇哇……”

小猴子顾不得鼻头上的虫子，把玉米向天空一抛，顺着碗口粗的树干，右腿用力一蹬，双手死死握紧树干，又一蹿，抓住树枝，一荡，跃上了几片叶子。

上面是一片粉红色的世界。阳光透过树隙，照到枝丫上，垂着一个个亮闪闪的桃子。它们像涂了润滑油似的，发出淡粉带点晕红的色彩，给叶子映上了一环光圈。左半边泛出鱼肚白，微微地映出粉色。右半边则是粉红色，泛着淡淡的一圈光。爱心形桃子的上面是白里透红，像小姑娘的脸，美丽极了。桃子表面是一层浅浅的、密密的毛，像一只小老鼠。乍一看，六十多个呢！

思维导图 4–6　摘桃子

"我来了！"

小猴子眼睛放出光来。"妈妈一定会表扬我的！我是世界上最幸福的猴子！"他一个饿虎扑食，"啊呜"一声大吼，向桃子扑去……随后，又胡乱地用手把可以看到的树枝全扯掉，抱了几个饱满又红润的大桃子。

"耶！我好幸福！啦啦啦！"小猴子卖弄着他五音不全的嗓子，红屁股坐在树枝上，手一撑，滑下树，脸上像开了一朵花，露出左扭右扭的牙齿。

"啦啦啦！"令人发狂的歌声在树林里回荡。

摘桃子这个环节，增加了扛玉米的情绪和途中发生的小插曲，为丢掉玉米埋下了伏笔。摘的过程中，眼睛所看到的颜色描写很细致，这些描写跟玉米形成了鲜明的对比。此外，还加入了一个人物独特的细节——五音不全，让小猴子变得更加可爱。

小猴子下山4：摘西瓜

朱梓瑞

湖北省武汉市育才实验小学三年级

"哎呀，这桃子，水分充足，真好吃！"小猴子完全沉迷在桃子里。

他边走边吃，享用美食，还把桃子扔向天空又接住。

今天真是好运多。咦，那是什么？小猴子眉毛一弯，右

思维导图 4–7　摘西瓜

手麻利地挠了挠脑袋，有力的双脚咚咚爬上了树，在树枝上一蹬，跳到另一棵树上，左手在空中挥舞，吃着桃子，轻松地在半空中翻跟头，不一会儿就荡到了那片瓜地。

“哇呼，哼哼哼。”口水像瀑布一样飞流到瓜地里。西瓜又大又圆，全是深绿和浅绿搭配，锯齿状的花纹，甜味在小猴子周围弥漫。小猴子连翻了三个跟头，一跃，双手伸展开，抱着一颗比篮球还大的西瓜，仿佛扑进了妈妈的温暖怀抱。

正当小猴子闭上眼，一只蚂蚁爬上了他那细长的脊背，痒得小猴子腾空而起，“呵呜，呵呜呜……”粉红的脚掌心踩到了瓜藤，被绊了一下。倒地的那一刻，小猴子右脚踢到了西瓜，西瓜“嘭”的一声裂开了。

小猴子皱起眉头，跳了起来，使上全身力气，用右脚踩死了那只坏蚂蚁——谁叫它毁了自己带给爸妈的大餐。

小猴子喘着粗气，只能选择掰个小的了。

小猴子故意倒下，想把粗藤压断，可是背上都留下了伤疤，藤还没有断。

小猴子弓着身子，找来一根又长又粗糙的树枝，一拉一扯地割断了藤，扛着这个完整的西瓜上路了。

课文里，桃子用的是摘，西瓜用的也是摘，可是进入细节思考层面，两个事物之间就有了太多的不一样。

陈谨睿写摘桃子，动作细节是——

小猴子顾不得鼻头上的虫子，把玉米向天空一抛，顺着碗口粗的树干，右腿用力一蹬，双手死死握紧树干，又一蹿，抓住树枝，一荡，跃上了几片叶子。

又胡乱地用手把可以看到的树枝全扯掉，抱了几个饱满又红润的大桃子。

朱梓瑞写摘西瓜，动作细节是——

小猴子故意倒下，想把粗藤压断，可是背上都留下了伤疤，藤还没有断。

小猴子弓着身子，找来一根又长又粗糙的树枝，一拉一扯地割断了藤，扛着这个完整的西瓜上路了。

生活中，我们可以仔细观察，多琢磨，看到不一样的细节，写出精彩的文字。

小猴子下山5：追兔子

翟亦罗

湖北省武汉市武珞路实验小学四年级

天气闷热，小猴子背着沉重的大西瓜艰难地走到了一片茂密的森林里。哈哈，太棒了！我就在这里睡个美觉，醒了再回家也不算太迟嘛。

丢下西瓜，小猴子蹿到凉爽的树荫下睡觉去了。

睡了不一会儿，身旁传来沙沙的响声，惊醒了小猴子。小猴子大声叫道："是谁？谁在我睡觉的时候打扰我？"四周静静的，只有回音在耳边徘徊。这时，前方的树丛微微颤动。

思维导图 4-8　追兔子

突然，一只雪白的兔子从里面蹦出来，直视小猴子。小猴子一下子跳得老高，心想：我暑也解了，要西瓜有什么用？不如抓只兔子。想到这儿，小猴子一溜烟儿跑过去了。

没想到兔子跑得飞快，小猴子追得上气不接下气，再加上兔子左蹿一下、右拐一下，把小猴子弄得摔了好几次，还在地上打了几个滚，全身上下都是泥土和杂草。

可小猴子很倔强，抓不到兔子就不停下来，完全不顾身上脏兮兮的，一个劲儿地往前冲。慢慢地，兔子没影子了，小猴子才停下疲劳的双脚，往回走。

本想把西瓜搬回去的，现在好了，西瓜不知被哪个家伙弄走了，小猴子只好伤心地空着手回家了。

追兔子的重点是为什么要去追、怎么追的。瞿亦罗用她的作文很好地回答了这两个问题。细节是先想到在哪里，然后想办法补充清楚。作文里，开头和结尾还形成了鲜明的对比——开始的美梦、结尾的伤心，而这一切都是三心二意害的。

小猴子下山 6：回家

刘思睿

湖北省武汉市武昌实验寄宿小学美林校区四年级

小猴子头上顶着各种各样的杂草，眼睛在刺眼的阳光下眯成了一条缝，眼角还挂着几滴泪珠，鼻子不住地抽动着，

思维导图 4-9　回家

嘴唇上沾了几块棕色的泥土，两手不时地抹着眼睛，尾巴夹在两条颤抖的腿中间；棕毛上还沾满了灰尘，风一吹，便扬了起来，落到地上；全身上下的毛，没有一处不凌乱。

小猴子站在门口，棕色的大门耸立在他面前。他把带着棕红色伤痕的手臂轻轻放在门上，再把耳朵紧贴着门，听着里面可怕的脚步声。抖动得厉害的右手刚靠近门把手，又飞快缩了回来。房子旁边的大杨树，投出一道长长的阴影，房子笼罩在一片阴影中。强风呼啸，一树的绿叶奏起了令人汗毛直竖的音乐。

小猴子心里满是不安："唉，我做了一件天大的傻事啊！"它失去了往日的活泼与调皮，低下了往日昂起的头："我答应了要带食物回家的，找到了玉米，却丢了玉米又摘桃子，又丢了桃子摘西瓜，接着又丢下西瓜去追兔子，结果又没追到……"

突然，紧闭着的大门"吱呀"一声开了，小猴子立刻把头转向一边，门内传出了妈妈尖细的声音："你怎么什么都没有带回来？"

小猴子目光呆滞地望向地面。又是一阵重重的脚步声，屋子都震了几震。爸爸用低沉的吼叫声训斥道："怎么回事？你不是答应得好好的吗？肯定是你太贪玩了！"

还没等爸爸吼完，小猴子早已把头转向背后，双手捂住了脸。

回家这一幕，重点落在不敢进家门时的外貌和动作描写，此外写到了爸爸妈妈的态度。最可贵的是，在后悔时把一天的经历简单交代了一笔——“我答应了要带食物回家的，找到了玉米，却丢了玉米又摘桃子，又丢了桃子摘西瓜，接着又丢下西瓜去追兔子，结果又没追到……”这一笔很精彩。

一般情况下，我们所了解的细节，都是把一个字变成几十个字，不断扩充，就是细节。可高手的细节是“少文字，大容量”，没有这样的一句话，一篇作文的魅力就要失色不少。如果我们不知道相关背景，就无法理解小猴子为什么不敢进家门，也无法理解爸爸妈妈为什么那么生气。

老舍在《骆驼祥子》中有一段描写祥子吃老豆腐——

> 歇了老大半天，他到桥头吃了碗老豆腐：醋，酱油，花椒油，韭菜末，被热的雪白的豆腐一烫，发出点顶香美的味儿，香得使祥子要闭住气；捧着碗，看着那深绿的韭菜末儿，他的手不住的哆嗦。吃了一口，豆腐把身里烫开一条路；他自己下手又加了两小勺辣椒油。一碗吃完，他的汗已湿透了裤腰。半闭着眼，把碗递出去：“再来一碗！”

最精彩的细节是“吃了一口，豆腐把身里烫开一条路”，这就属于“少文字，大容量”。可以看出：一，老豆腐滚烫，冒着热气；二，祥子作为拉车的粗人，吃得很急；三，吃完之后很舒服，都能看到老豆腐在身体里运动的过程。一个“烫”字，可以体现出多层意思。

如果我们一味用细化的细节来写，可能会把这句改成下面这样——

> 祥子猛地一口吃了下去，豆腐都没有与牙齿碰撞，直接进入了身体里。

字数虽然多了，但却不如之前那么生动传神。

不过，对于小学生来说，细节就是不断扩充，把一个词变成五六个词，把一句话变成两三句话。当然，必须要找到重点，用词准确，不能犯流水账的毛病。等你达到一定的水平，就可以试着在“少文字，大容量”方面下功夫。

动笔写一写

1. 一场小雨后，水珠在荷叶上滚动。根据这一句话，补充细节，写成一段文字。150字以上。

2. 去公园里走一趟，看看能遇到哪些特别的人，然后抓住这个人最典型的外貌细节，写一段文字。150字以上。

3. 观察一片树叶落下来的过程，写清楚这个过程，抓住精彩的典型细节。200字以上。

（二）名篇精读

游记的细节在于不写流水账

记金华的双龙洞[1]（节选）

叶圣陶

今年四月十四日，我在浙江金华，游北山的双龙洞。

出金华城大约五公里到罗店，过了罗店就渐渐入山。公路盘曲而上，工人正在填石培土，为巩固路面加工。山上几乎开满了映山红，比盆栽的杜鹃无论花朵和叶子，都显得特别有精神。油桐也正开花，这儿一丛，那儿一簇，很不少。我起初以为是梨花，后来认叶子，才知道不是。丛山之中有几脉，山上砂土作粉红色，在他处似乎没有见过。粉红色的山，各色的映山红，再加上或深或淡的新绿，眼前一片明艳。

一路迎着溪流。随着山势，溪流时而宽，时而窄，时而缓，时而急，溪声也时时变换调子。入山大约五公里就来到双龙洞口，那溪流就是从洞里出来的。

在洞口抬头望，山相当高，突兀森郁，很有气势。洞口像桥洞似的作穹形，很宽。走进去，仿佛到了个大会堂，周围是石壁，头上是高高的石顶，在那里聚集一千或是八百人开个会，一定不觉得拥挤。泉水靠着洞口的右边往外流。这

[1] 叶圣陶. 记金华的两个岩洞//叶圣陶散文. 北京：人民文学出版社，2018. 本篇被收录进人教版《语文》四年级下册，名为《记金华的双龙洞》，收录时有改动。此处标题及节选段落参考了语文书的选文。

是外洞。因为那边还有个洞口，洞中光线明亮。

在外洞找泉水的来路，原来从靠左边的石壁下方的孔隙流出。虽说是孔隙，可也容得下一只小船进出。怎样小的小船呢？两个人并排仰卧，刚合适，再没法容第三个人，是这样小的小船。船两头都系着绳子，管理处的工人先进内洞，在里边拉绳子，船就进去，在外洞的工人拉另一头的绳子，船就出来。我怀着好奇的心情独个儿仰卧在小船里，遵照人家的嘱咐，自以为从后脑到肩背，到臀部，到脚跟，没有一处不贴着船底了，才说一声“行了”，船就慢慢移动。眼前昏暗了，可是还能感觉左右和上方的山石似乎都在朝我挤压过来。我又感觉要是把头稍微抬起一点儿，准会撞破额角，擦伤了鼻子。大约行了二三丈的水程吧（实在也说不准确），就登陆了，那就到了内洞。

要不是工友提着汽油灯，内洞真是一团漆黑，什么都看不见。即使有了汽油灯，还只能照见小小的一搭地方，余外全是昏暗，不知道有多么宽广。工人以导游者的身份，高高举起汽油灯，逐一指点内洞的景物。首先当然是蜿蜒在洞顶的双龙，一条黄龙，一条青龙。我顺着他的指点看，有点儿像。其次是些石钟乳和石笋，这是什么，那是什么，大都依据形状想象成仙家、动物以及宫室、器用，名目有四十多。凝成的形状变化多端，再加上颜色各异，即使不比做什么什么，也很值得观赏。

在洞里走了一转，觉得内洞比外洞大得多，大概有十来进房子那么大。泉水靠着右边缓缓地流，声音轻轻的。上源在深黑的石洞里。

我排队等候，又仰卧在小船里，出了洞。

1. 名家简介

叶圣陶（1894—1988 年），现代作家、教育家，有“优秀的语言艺术家”之称。

在文学创作上，叶圣陶以冷静写实和讲究章法著称，很适合孩子们模仿。他很重视细节的描写。文章里传神的细节，与他对现实生活和自然现象反复深入地观察琢磨分不开。

作家身份之外，叶圣陶的另一个重要的身份是教育家。1932 年，叶圣陶和漫画师丰子恺携手，共同编制了一套小学语文课本《开明国语》。他遵循孩童循序渐进的认知特点，从自然、生活、做人、做事等生活常识角度，写了 400 多篇课文，均配以丰子恺的插画，通俗易懂且经久不衰。

2. 思维导图

见思维导图 4–10：游双龙洞。

3. 导图解读

（1）思想角度解读

这是一篇游记，记叙了作者游览金华双龙洞的情景。游记不同于其他文章。其他的写人写事作文，或许只有你一个人的亲身经历，可以有不一样的生活体验；而游记中的景色，大家都可以去看，是人人都能看到的景色，要写出新意，思想方面就要下番功夫。

首先，你要热爱这番景色，才能提起兴趣跟别人介绍。其次，你要抓得住景色中的兴奋点，也就是最典型的景色。再者，你还

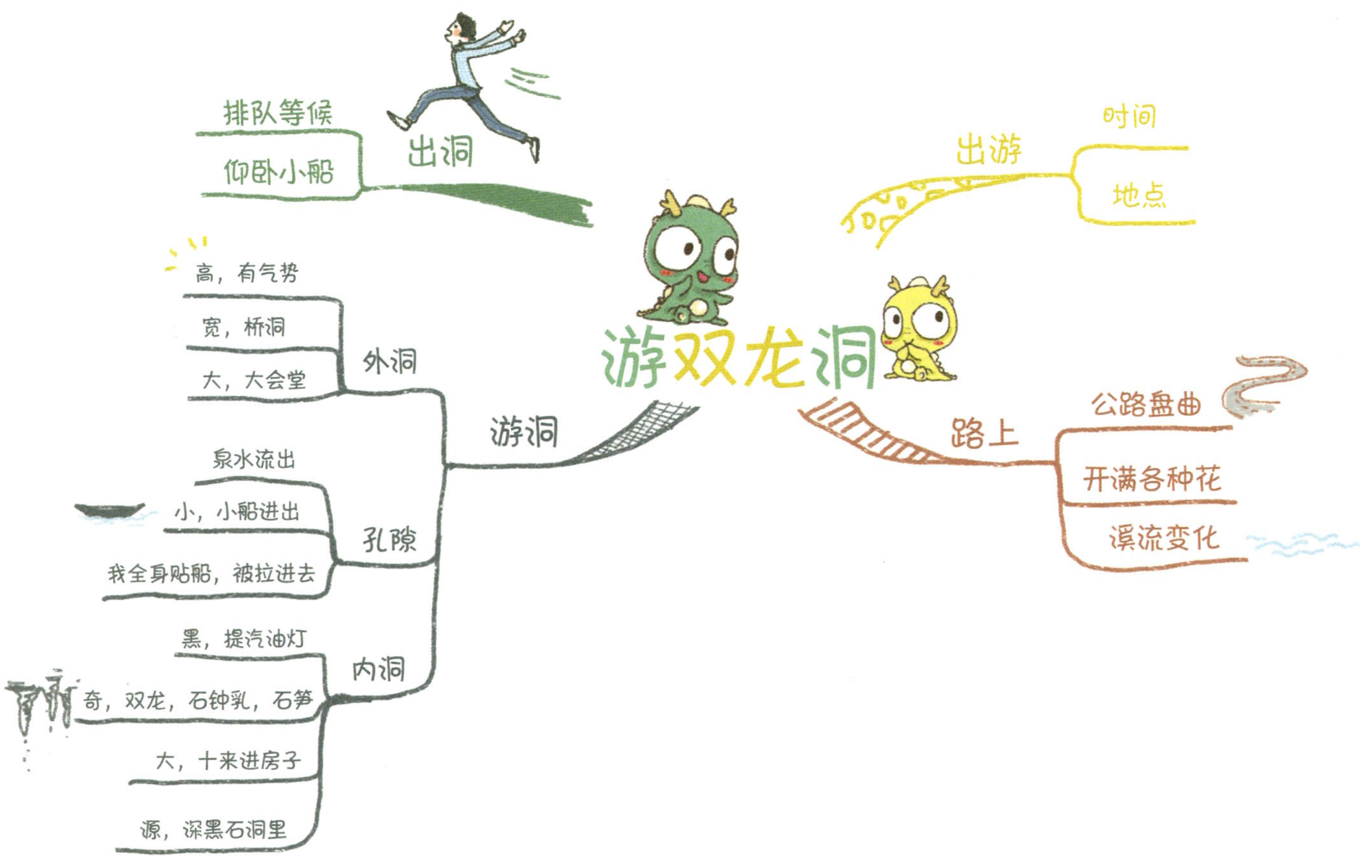

思维导图 4-10　游双龙洞

得把这番眼中和心中都感受到的美景写出来，让别人似乎眼中能看到、心中有无限的向往。叶圣陶的这篇游记，就体现了这三个特质，你能感受到他对自然景观的那份热爱，并化为脑海中生动的画面。

（2）文章布局解读

全文按游览顺序，分为四个部分，交代出游、路上、游洞、出洞。游记最容易出现的问题是流水账，没有重点和细节。文章把重点放在第三个部分——游洞，选择典型的细节，展示洞内的奇观。

①总写。第一段，交代“我”游金华双龙洞的时间及双龙洞的地点。20个字介绍完毕，非常简洁。为什么要去、怎么准备的、心情怎样，这些都没有写成细节，因为无关紧要。读者关心的只是景色到底美在哪儿。

②路上。第二、三段，写“我”从金华城出发，经过罗店，渐渐入山，一路上经过的地方和看到的景物。先写山上盘曲的公路、各种花，后写溪流的变化，最后用“那溪流就是从洞里出来的”，引出描写的重点——双龙洞。

③游洞。第四段到第七段，分别写“我”游览外洞、孔隙、内洞的情景，是整篇文章的重点，也是最值得游览之处。

第四段先写在洞口观山的感受：很高，有气势。再具体描写外洞，洞口“宽”、洞内“大”。最后又提到泉水，交代了泉水的流向，为下一段写孔隙做铺垫。

第五段写“我”从外洞通过孔隙进入内洞的情形，这一段细节丰富，有三个层次。

第一层写泉水的来路，承接上文，自然过渡，引出下文。第二层介绍孔隙的大小和进入方式，写到了小船的形状，使人对孔隙的矮、窄有了明确的认识；再介绍穿过孔隙进入内洞的办法。第三层写“我”穿过孔隙进入内洞的感觉，先写心情和所做的准备，再写穿过孔隙时的感觉，读了让人有种身临其境之感。

第六、七段写游览内洞时的情景，可分为四层。

第一层写“黑”，“内洞真是一团漆黑”。第二层写“奇”，借着汽油灯光，先看到“蜿蜒在洞顶的双龙”，其次看到“石钟乳和石笋”。第三层写“大”，“内洞比外洞大得多，大概有十来进房子那么大”。第四层写水的“源”，“上源在深黑的石洞里”，指明泉水的发源地，点出了双龙洞已到尽头，预示游览结束了。

④出洞。第八段，15 个字，写出洞，自然结束文章。没有发表任何感慨，但读者已经感受到了大自然的神奇。

（3）细节解读

游记作文如果没有细节，就像没有真正游览过，读者也不会对你所描写的景点感兴趣。景点无非是“美”“俊”“险”“奇”等字眼，重点是具体写出怎样的“美”“俊”“险”“奇”。

①水流变化的细节。

路上看到溪水一路在变化——

> 随着山势，溪流时而宽，时而窄，时而缓，时而急，溪声也时时变换调子。

首先，它是随着山势而变，能想象出山的盘旋。其次，时而宽、窄、缓、急，这是形态的变化，从面积和速度两方面来细致描绘的。最后是声音的变化，变换调子，像人唱歌一样。

②孔隙小的细节。

既然叫孔隙，肯定是很小的，可到底怎样的小，不能用“非常非常非常小”来简单描写。

作者先通过对小船的描写来说明孔隙的小。怎样的小船？“两个人并排仰卧，刚合适，再没法容第三个人”。再通过小船进入来写孔隙的小。怎样进入？“船两头都系着绳子，管理处的工人先进内洞，在里边拉绳子，船就进去，在外洞的工人拉另一头的绳子，船就出来。”细节一写，我们都清楚了。

③坐船紧张的细节。

既然是要并排仰卧的小船，坐船时会有点紧张，细节有哪些？

首先贴得很紧，“自以为从后脑到肩背，到臀部，到脚跟，没有一处不贴着船底了”。其次感觉紧张害怕，“感觉左右和上方的山石似乎都在朝我挤压过来。我又感觉要是把头稍微抬起一点儿，准会撞破额角，擦伤了鼻子”。

4. 我要怎么学

（1）细节要懂得取舍

细节最核心的不是怎么扩句、怎么把一句句话写细致；最核心的是确定哪些地方需要扩句、哪些地方需要删掉。

《记金华的双龙洞》开头20个字，结尾15个字，极其简洁。一般写游记，很难做得如此干脆：生怕别人不知道，出发前的准备要写得多多的，游完后要好好发下感慨，甚至还要在梦里再游一次。学完叶圣陶这篇之后，你再写游记，就可以试着先把开头和结尾唰唰一两句写完，不做画蛇添足的事情。

（2）细节要清晰展示过程

游记的过程就是游览的顺序，一步步写清晰，不能一下子进入景点，一下子又出了景点，再进入景点。这篇文章是“路上→游洞→出洞”，我们可以借鉴为“路上→游景点→出景点”。任何一处景点都适合这一过程。

其他写事和写人作文也一样，需要过程清晰，细节就分布在这些过程之中。

（3）细节是把感觉化为具体画面

孔隙的小，需要化为可感知的具体事物——小船。进入的紧张，化为可感知的——乘船感觉快要被撞。

内洞的黑，化为可感知的——工人提着汽油灯，也只能照见小小的一块地方，余外全是昏暗。内洞的奇，化为可感知的——蜿蜒在洞顶的双龙、形状变化多端的石钟乳和石笋。内洞的大，化为可感知的——大概有十来进房子那么大。

在你琢磨细节的时候，试着把抽象的变成具体可感知的，这样能让读者轻松理解。

动笔写一写

参照《记金华的双龙洞》写一篇游记。不能写成流水账，先把重点找到，然后注入精彩的细节。450字以上。

（三）学生习作 我可以写出身临其境的细节

学习完《记金华的双龙洞》，对照文字画了思维导图，试着理解了作者安排文章的内在逻辑和细节技法后，我们需要动笔写一写。我们可以写景，也可以写事，不过先要确定在哪些关键的地方用上细节，接着要学会自问自答补充细节，最后再用恰当的句子准确表达出来。

1. 游记作文的细节

游记作文中的细节，要让读者有身临其境之感，就像亲眼看到了景色、亲自触摸到了景物。

去浮潜

吴睿琪

武汉大学第二附属小学三年级

“今天，我们——去浮潜！”妈妈指着我吼道。我一骨碌丢下 iPad，翻出我的帽子、护目镜、潜水管子、泳衣等。穿好泳衣后，我们来到海边。

我第一个下水，刚把脚插进水里，一股凉意从脚底升起。要知道，当天可是40℃！再把另一只脚伸入水中，走到水齐膝的地方，试图把整个身子平躺在水里，竟然成功了！一粒粒沙子宛如美人鱼的眼泪，随着海水的波浪轻轻晃动。我用手转了转沙子，沙子立刻打了一个小漩涡，像微型龙卷风。

我接着在浅水区向前游。游着游着，白色的沙子上游来一尾小鱼，银色鱼鳍，尾巴是黄色的，靠近尾部的地方还有一个黑点。我抓起沙子，冷冷的沙子贴在我手上，“咕噜”一声，沙子像烟幕弹散布在我周围，那条小鱼竟然傻乎乎地向我冲来！我一个闪躲，避开了小鱼。“啊！忘记照相了！”等我打开视频功能时，鱼都不见了。

我游到深水区，一条跟我脸一般大的虎纹鱼懒洋洋地游过来。我把相机举起来，用相机平稳地照下所有的鱼：有红的、白的、黑的，成群结队一起游。一些小黄鱼大摇大摆地游过我手臂时，我看到了礁石上的海胆，灵机一动，从一块大的围墙礁石上捡来一块小石头，又从海床上拔下一根硬邦邦的海草和一片海草的叶子。我先用小石头把松动的礁石掰下来，这样海胆就暴露在外面了。接着，我用杠杆原理把海胆给撑了起来。一连撑了3个，用水草包好后，回到岸边。

一跑到岸上，我赶紧挖坑，把用叶子包好的海胆放进去，再用海水浇，做成了个小水洼。再把洞挖大了一点，又倒入海水，抽出叶子。突然想起，海胆生活在海里，可不是在水坑里！我徒手挖了一条通道，用树枝把海胆“赶”回海里。不知谁会踩到我的“炸弹”呢？

①重点突出，开头和结尾都很简洁。没有写自己怎么去海边玩、妈妈为什么要带自己去浮潜等价值不大的细节。

②层次很清晰。去浮潜→浅水区→深水区→上岸，重点放在浅水区和深水区。可贵的是上岸后埋海胆的事，字数虽然不多，但充满童趣，又是深水区所做事情的延续。

③动作细节生动细致。比如，跟那尾银色小鱼互动时用到的动词有：抓、贴、散布、冲、闪躲、避开、打开，等等。撑海胆、放海胆的动词有：看、捡、拔、掰、撑、包、放、浇、挖、倒、抽、赶，等等。

④写出了沙子美的细节。例如这一句——“一粒粒沙子宛如美人鱼的眼泪，随着海水的波浪轻轻晃动。我用手转了转沙子，沙子立刻打了一个小漩涡，像微型龙卷风。”

2. 写事作文的细节

细节，单独拿出来说，虽然很重要，但还是让人感受不到震撼。如果把它放在具体的作文里，再来对比，就会有更强的识别度。为了训练孩子们关注写事作文的细节，丁丁老师在课堂上展示了一篇问题较多的作文《有意义的一天》，要求孩子们仔细阅读。它犯了我们常说的流水账之病，没有重点、没有细节。课堂上，孩子们要重新选择重点和细节，然后写一篇作文。

有意义的一天

一天早上，阳光明媚，我走在上学的路上，心情很高兴。路上，我买了一屉包子当早餐。到了学校，发现花坛里的花开了，有红色和粉色两种，然而我喜欢蓝色，可惜没有啊。第一节是语文，老师穿了一条新的漂亮的花裙子。第二节是数学，数学考试了，题很难。第三节是体育，我们玩得很开心。第四节下课后，我就去吃饭了，食堂可真难吃。下午前两节我睡着了，所以第三节课被班主任叫到办公室批评。我知道我错了。下了最后一节课，我迅速做完值日回家了。到家正好吃饭，果然我妈做的比学校食堂的好。

这是多么有意义的一天啊，我爱我妈妈。

这篇作文写到了买早餐、看花、上语文课、数学考试、上体育课、吃午饭、被老师批评、值日、吃妈妈做的晚饭等九件事，没有选择典型细节，平均用力，记录了一天的经历，还在最后来一句“这是多么有意义的一天啊”，可是意义在作文里没体现出来。

我们来看看四年级的戈予帛是怎么增加细节的。

问话

戈予帛

湖北省武汉市育才小学四年级

“你，过来。”我被叫到班主任面前，开始问话。

李老师的办公室我是经常来，我经常被老师安排办这办那，是老师的“宠臣”。

估计又有什么事来找我了。我头抬得比较高——我习惯了等待表扬和任务安排。

早已忘掉了下午前两节课因为太困睡着了的形象，心里也从来没想过自己被叫过来是因为这个。

李老师的表情不太对，没有平日的笑容。我心里有数了，躬下身，头低下去，使自己的身高始终保持在老师坐在椅子上差不多的高度。

正好，我看到了一样东西：表扬信。上面用黑笔写了半个我的名字，其他的被遮住了。

“下午两节课，你在干什么？”

李老师直接用这句话把我打回了现实世界。

“我，呃……”腿不停地抖，身子也因为紧张而直立了起来，头垂在胸前，暗暗叹气。

表扬信在这时，毫无光泽，十分暗淡。

“在睡觉，是吧？”

“呃，这个……是的。”

我见老师已经说出了答案，便只能在一旁附和。那一声，说的声音很小，也十分无力。

我头低了下去，更低了。自己也像在那一刻没了力气。老师的话，我没听进去。眼前的表扬信，早已模糊不清。

我不能哭，不能哭。我心里这么逼自己，硬是没掉一滴泪。

“你呀，要是睡觉，就吸收不了知识，到时候，还怎么去跟其他同学争‘优秀学生’？”

是啊，李老师一直对我很好，关心我的学习和生活。我为什么要在上课的时候睡觉呢！真是丢脸。李老师已经恢复了平日的温柔，可我却不敢看她亲切的眼神，恨不得自己是只鸵鸟，可以把头埋进沙子里。

李老师见我一直不作声，低着头，也就没再说什么，让我走。转身那一瞬间，在眼眶里忍了很久的泪水，这时“哗”的一下流了出来。回头看一眼李老师，泪水更挡不住了。

快到教室的时候，我擦干泪水，用正常的步子走了进去，装着什么都没发生一样。原来的骄傲感没有了，剩下的，满满都是羞愧与老师的爱。

戈予帛首先从几件事中选择了典型的一件事——被老师批评，题目也随着改成了《问话》；接着重点描述了老师批评“我”的过程，用大量的细节做了生动展示；最后写到了自己的感悟——羞愧和老师对自己的爱。细节上，着重用到了动作细节，写出了前后的变化。

①作为“宠臣”的动作——头抬得比较高。这是“我”惯有的姿势。

②知道“不好”后的动作——躬下身，头低下去，使自己的身高始终保持在老师坐在椅子上差不多的高度。

③被质问后的动作——腿不停地抖，身子也因为紧张而直立了起来，头垂在胸前，暗暗叹气。

④挨批后的动作——我头低了下去，更低了。自己也像在那一刻没了力气……恨不得自己是只鸵鸟，可以把头埋进沙子里。

⑤挨批后强装没事的动作——用正常的步子走了进去，装着什么都没发生一样。

为了描写挨批的过程，还加入了表扬信这一细节，形成强烈的对比，用得相当不错。

细节是作文的生命。当你读起来感觉干巴巴时，那就是没有细节，要想办法增加细节。一开始的训练，就做一件事：增加字数，想尽办法把觉得重要的段落增加几十个字。训练多了之后，你会发现，要写好细节，先要仔细观察，关注生活细节；此外，要学会思考，从生活细节中得到启发。只要你能以敏锐的感受力去观察生活，再借助上面的方法，肯定会写出成功的细节。

动笔写一写

根据《有意义的一天》请选择几件事中的一件来写，写出细节，让作文生动。500字以上。

五

视角

变换带来别样体验

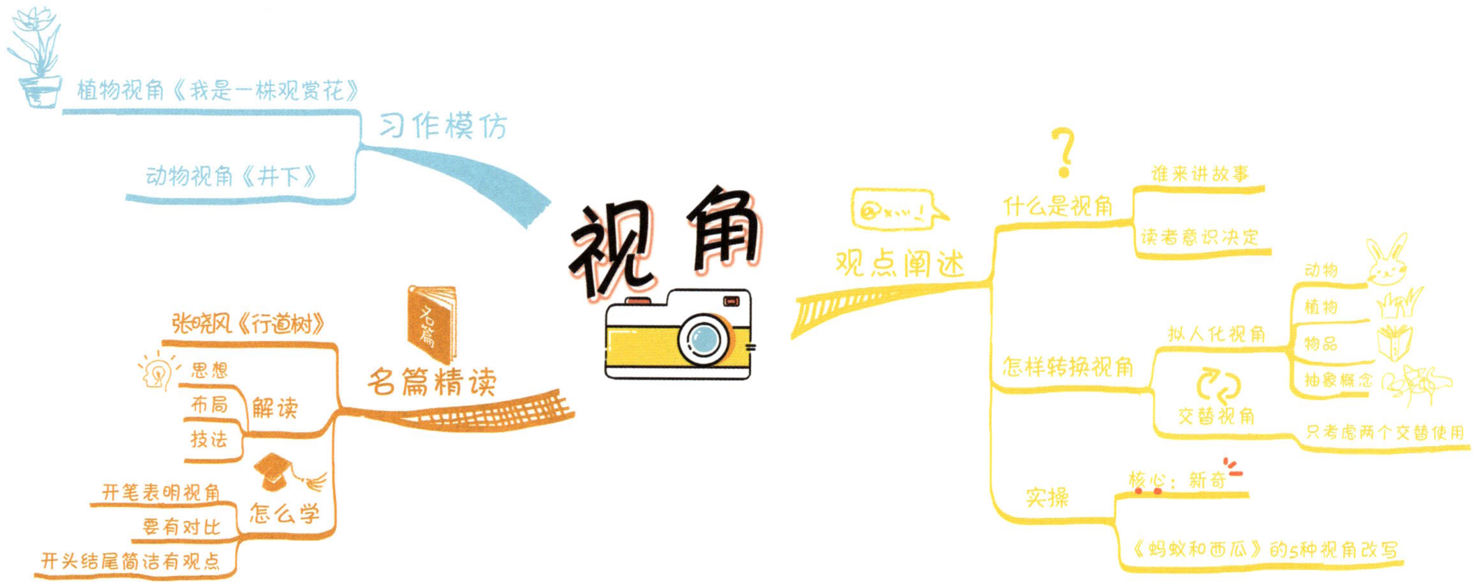
视角
习作模仿
植物视角《我是一株观赏花》
动物视角《井下》
名篇精读
名篇
张晓风《行道树》
解读
思想
布局
技法
怎么学
开笔表明视角
要有对比
开头结尾简洁有观点
观点阐述
什么是视角
谁来讲故事
读者意识决定
怎样转换视角
拟人化视角
动物
植物
物品
抽象概念
交替视角
只考虑两个交替使用
实操
核心：新奇
《蚂蚁和西瓜》的5种视角改写

本章结构图

你站在桥上看风景，
看风景的人在楼上看你。
明月装饰了你的窗子，
你装饰了别人的梦。

这是诗人卞之琳的《断章》，写于1935年。它的美可以从多个角度来解读，不过，从写作方法来看，有趣的是看的角度在不断变换。所处的位置、角度不同，带来的感受也不同。

其实，写作文也是如此。构思一篇作文，观察者的立场、视野、境界、价值观不同，写出来就千差万别。

这就是视角。

小学生写作文，通常是以真实的"我"为观察点，以"我"的心灵去感受世界，表达"我"的所见所闻所感。那你有没有想过变换视角，营造不一样的感觉？

当然，每一个角度，都会打开一扇窗，同时关上一扇窗。当你选择了某一种视角时，必然就关闭了另外一种视角。不过，当大多数人都用一种真实的"我"的视角来写时，换一换视角，就可能让你脱颖而出，带来新鲜感，使文章变得耐读。

（一）观点要牢记

全新视角让平淡变惊喜

1. 什么是视角

视角，原意是观察角度。观察物体时，你从物体上下左右等不同角度去看，看到的物体会呈现出不一样的感觉。

把这一概念延伸到作文写作，是指写作中的叙述视角。作文就是讲故事，总要由一个人来讲，大多由真实的“我”来讲，讲“我”的所见所闻所感。一般会把叙述视角分为三类：一是第一人称叙述视角——我；二是第二人称叙述视角——你；三是第三人称叙述视角——他（她）。

丁丁老师跟你分享的视角变化，不是就上面的三类人称视角而言，而是从读者意识出发，思考怎么叙述会让作文变得更生动。

作文是倾诉和交流的载体，里面的每个字既是写给自己看的，也是写给别人看的，比如老师、爸爸妈妈、同学、读者。写作的时候，心中要有倾诉和交流的对象。

比如说，你在作文里写下这样一句——

> 我拿着这么大个球，撞上去，就撞碎了。

这是生活中你用球撞碎了花瓶，跟妈妈承认错误，妈妈看到了，知道你拿的是多大的球、撞碎的是青花瓷花瓶。可是，你写成文字，看作文的人就不知道是什么了。你必须写成——

> 我拿着碗口大的球，直冲冲撞过去，桌上的青花瓷花瓶掉在地上碎了。

读者意识，就是要考虑读你文字的人是否能看懂。如果觉得描述还不够细致，可以按照第四章加细节的方式添加内容——

> 我拿着碗口大的皮球，玩得太兴奋，没有抬头就直接撞了过去，桌上的青花瓷花瓶掉在地上碎了。它肚大颈小，像个孕妇，瓶上画着葱茏的树林和一望无际的大河，一叶扁舟在水上漂泊。那是爷爷 40 年前在景德镇买的，我出生的时候，爷爷传给了爸爸。

这样一写，细致多了。这是常见的叙述视角，从顽皮的“我”的角度来讲述这件事。如果变换视角，比如说把“我”换成那个被打碎的花瓶，“控诉”孩子的顽皮，还可以带出花瓶的相关历史（现在却碎了，反差巨大），文字效果会截然不同。

2. 怎样转换视角

人们在审美上习惯“喜新厌旧”。同一视角的作文看多了，自然会有审美疲劳，很难写出新鲜的东西，也很难出彩。这个时候，换一个角度，效果就会大为不同；即使是同一座庐山，视角不同，也会有“远近高低各不同”之感。写作时巧妙地选择叙述视角，往往会带来意想不到的效果，甚至可以化枯燥为形象、化腐朽为神奇。

这里介绍两种视角变换的方法：一是拟人化视角，二是交替视角。

（1）拟人化视角

拟人是一种修辞手法，把物变为人，作用是让句子生动，有人的气息。比如：

风吹动了树叶。

这是陈述所见的事实——风的动作是“吹”。如果用拟人，那就要变成人的动作：

风轻轻抚摸树叶，调皮地擦拭着上面的灰尘。

“抚摸”和“擦拭”，是人的动作，与“吹”的效果大不一样，令人感受到风像人一样可爱和温柔。

如果整篇作文都以拟人方式来写，改变的就是叙述视角，会带来完全不一样的体验。具体来说，就是：“我”是风，“我”做了什么，“我”怎么想的，等等，各类感受非常直观。或者叙述角度是树叶：“我”讨厌被粘住的灰尘，被风抚摸是怎样的感觉，等等。

简单说，拟人化视角，是指以人类以外的其他主体的视角来写作文，比如说以动物、植物、物品甚至抽象的概念等物象的视角，来描写人物、叙述事件、评判事件。见思维导图 5–1：拟人化视角。

1）动物视角

假如你写的是一只猫的作文：

常规视角——这是我家一只猫，它怎样怎样。

拟人化视角——我是一只猫，我怎样怎样。

拟人化视角的好处很明显：拉近猫跟读者的距离，让读者更愿意去看看猫眼所见到的世界是怎样的、见到的人又是怎样的，有反差在里面。此外，发挥的余地更大。

思维导图 5-1　拟人化视角

这一类视角，往往还会有思考在里面，将人类社会发生的故事移用到动物身上，写的是动物故事，影射的却是人类。

2002年有一篇高考高分作文《我叫不叫？》[1]，用的是狗的视角。题目要求写一个“心灵的选择”的话题，作者却没有直接写小偷行窃、大家怎么做、“我”的内心斗争等，因为太容易跟别人一样。作文一开笔就是——“我是一条京巴狗。我是在四个月大的时候被现在的女主人由乡下带到城里来的。”接着，写狗在汽车上看到扒手正在行窃，是选择“事不关己，高高挂起”，还是选择良知？人狗对照，不露痕迹地针砭时弊。

如果你想写河水污染，就可以从“我是一条鱼”的角度来写。如果想写土壤污染，可以从“我是一只蚯蚓”的角度来写。这些动物视角都会在一定程度上带有对当今社会和环境的思考。

2）植物视角

观察类作文适合植物视角。比如一粒种子的生长，它在土壤里的时候，你没法观察到具体是怎样的。如果以种子的视角来写，就能写出里面发生的具体故事。

湖北省武汉市育才小学的张吾墨在四年级写过一组《“小不点”的成长日记》，并配了生动的画。

“小不点”的成长日记

张吾墨

湖北省武汉市育才小学四年级

我是一颗小绿豆，小主人默默给我取了个好听的名字，

[1] 我叫不叫？. 写作，2003（1）.

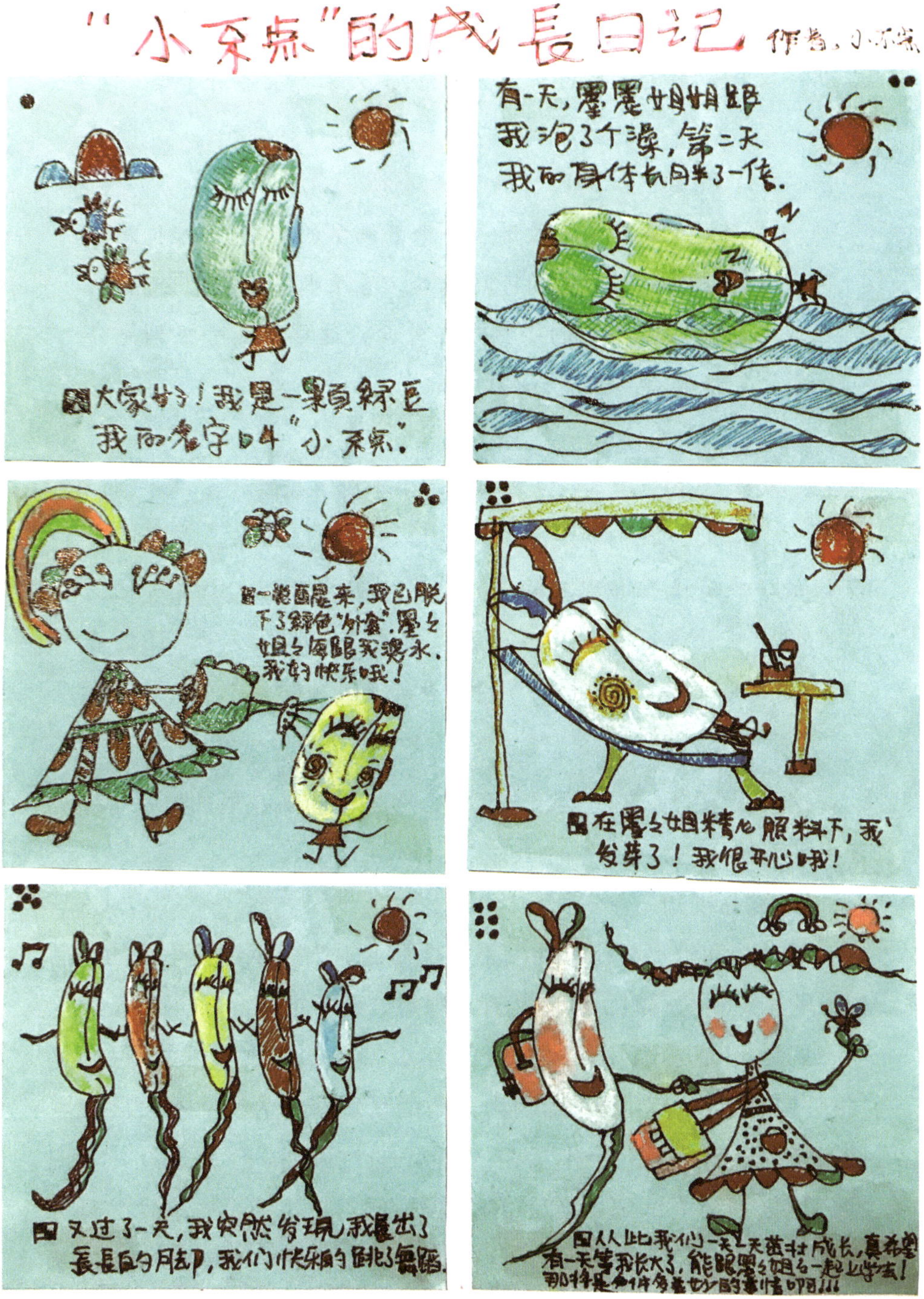
“小黍黍”的成長日记
作者：小黍黍
大家好！我是一颗绿豆，我的名字叫“小黍黍”。
有一天，墨墨姐姐跟我泡了个澡，第二天我的身体长胖了一倍。
一觉醒来，我已脱下了绿色“外衣”，墨墨姐姐跟我浇水，我好快乐哦！
在墨墨姐精心照料下，我发芽了！我很开心哦！
又过了一天，我突然发现我长出了长长的脚，我们快乐地跳了舞蹈。
从此我们一天一天茁壮成长，真希望有一天等我长大了，能跟墨墨姐姐一起上学去！那将是一件多么美妙的事情啊！！！

叫“小不点”。今天，我领着我的好朋友们和小主人一起来经历一次奇妙而又精彩的“成长之旅”，大家都准备好了吗？

9月17日　星期日　晴　“小不点”泡澡

晚上，我被小主人放进了一个装满水的碗里。“哇！泡澡啰！真舒服呀！”小主人可真细心，泡澡水没把我们全淹没，让我们留出四分之一的小脑袋在外面，这样就能呼吸到充分的氧气，能长得更快更好呢！

9月18日　星期一　多云　“小不点”长胖了

第二天，我们的身体居然比昨晚胖了一倍多，变得圆滚滚的。我有点嫌弃现在的身材，这又不是唐朝。小主人把我们均匀地放进簸箕里，轻轻盖上一层浸了水的纱布，还挺舒服的。我不再去想身材的事情，开始美美地睡懒觉啦！

这种视角的作文，读起来亲切，有人情味儿在里面——小绿豆还挺爱美的。

3）物品视角

跟动物和植物相比，物品是无生命的。当你赋予无生命的物品以人的思想和情感时，物品就有了思想、有了主见。

2008年楚才国际作文竞赛五年级特等奖《偷着乐》，写的是“批评浪费”的老题材，却因为视角的新颖获得大奖。第一段就点明视角“我”——一个生活在21世纪的垃圾桶。作文通过一个现在的垃圾桶与上世纪80年代的垃圾桶的对比（一个“饱食终日”，一个“门庭冷落”），生动反映了当今校园粮食浪费严重的现象。

4）抽象概念视角

抽象概念视角，即将某些抽象的概念人格化，转换为以人的视角来描述故事。

比如失败，人们常说“失败乃成功之母”。第一步，人格化，失败是妈妈，成功是儿子。第二步，转换为以人的视角来描述，可以以《失败母亲，你好吗？》为题来构思和写作——这是陕西省中考的一篇优秀作文的题目。

不管你运用动物、植物还是物品的拟人化视角，都需要注意三点：

A. 一旦选择了，从头到尾都要用拟人化的视角来写。不要又跳回到写作者自己的视角。

B. 必须熟悉这个物的各种特征，必要的时候要多查阅资料，在作文中完全进入这个角色，视角、动作、声音等要符合这个角色。比如说，你选择的是蜗牛的视角，就不能写“我”快步跑过去，因为这不符合蜗牛的特征。

C. 采用这种方法的重点是让作文有新意，不过选择的物要有特点，跟你所要表达的东西契合度很高。

（2）交替视角

交替视角是在一篇作文里交替使用两种及以上的视角。一般的作文都是一个视角一路到底，不管这个“我”是具体的人还是物。当出现两种视角时，一般是对待同一件事有了不同的认识和感受，以此来表达观点。见思维导图 5-2：交替视角。

比如，两个朋友之间闹别扭了。如果采用一种视角来写，“我”可以是他们两个人中的一个，也可以是他们之外的人。如果是第一种，视角会有一定的局限性，毕竟所有的事情都是从“我”的角度

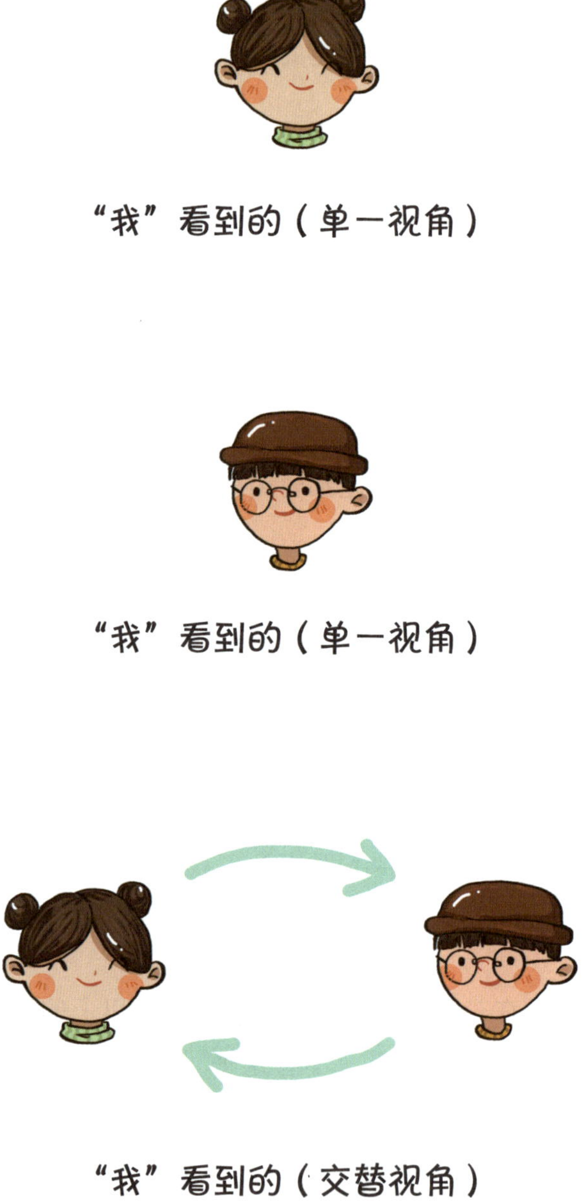

思维导图 5-2　交替视角

来考虑的，不周全也很正常。如果是第二种，会显得很全面，可以看到两个人的冲突、不一样的细节。这两种视角没有好与坏之分，只有哪一种你用得更顺手、更能入情之分。

交替视角就是：前面一个人讲所发生的事情，后面又换个人来说，从不同角度还原事件真相，写出感受。交替视角让冲突显得更有力，能够营造多角度看世界的氛围。

两个以上的视角交替使用，最典型的代表是日本作家芥川龙之介的小说《莽丛中》——讲述一个杀人案件，由多个当事人各自叙述案件发生的经过。作者将每个当事人的叙述汇总在一起，每个人物的视角都是有限的，作者让这些来自于不同视角的互相矛盾的叙事互相颠覆、互相印证，从而叠加出一个破碎的、难以确定的所谓“真相”。

对于小学生来说，不必考虑两种以上的视角交替，因为那样太复杂，会把自己绕晕，更会绕晕读者，只需要选择两种视角交替就行。这一方法可以用到很多作文里，比如写雾霾污染严重的题材：一个“我”是一个小学生，另一个“我”是雾霾，两者各自有不同的感受和角度，这样就能让雾霾的真相来得更彻底。又或者写悲剧故事，比如救火时牺牲的消防员，以一生一死的视角来写：被救的小女孩讲述那一刻发生的事情和感受，牺牲的消防员也讲述事情和感受，这种交替会很震撼，能够更好地表达出对于勇于牺牲的精神的仰视。

交替视角有点像人物对话，一来一往，从不同角度呈现真相。只要能构成某种关系，就可以交替使用，比如人与人、物与人、物与物等。不过，它又跟对话不同，在使用这一视角的时候有几点要提醒大家：

A. 交替使用不能频繁，最多不超过三次。一旦频繁，就容易混淆；不断转换也会把脑筋转晕。一旦读者看着觉得累，再新颖的形式也会失效。

B. 一种视角出现后，不能简单说几句就转向下一种视角，必须要有足够的字数和故事细节。它不同于对话，需要故事。故事的进展跨度要比较大，要跟前一种视角的反差明显。

C. 每一种视角都需要有一个小标题，还可以加入时间、地点、心情等，让结构更加明晰。

3. 视角训练的一次实操

视角的变化核心是新奇，它能带来不一样的体验，拓宽写作的思路，让表达更加自由。丁丁老师用绘本《蚂蚁和西瓜》[1]跟孩子们做了一次拟人化视角的训练。

一个炎热的夏日午后，四只蚂蚁发现了一大块西瓜。“真好吃，赶紧搬回家吧。”几个蚂蚁一起使劲，可是搬不动。喊来小伙伴一起使劲，西瓜还是一点也不动。一个蚂蚁想到了办法：分割→搬运→带回蚂蚁窝，最后用西瓜皮做了个滑梯。

这本书里，文字很少，但每一只蚂蚁的神态、动作都很生动，而且不重复。比如四只负责侦查的蚂蚁，有一只带着黑帽子；跑向西瓜的蚂蚁大军中，有生闷气的；干活的时候，有睡懒觉的，有贪吃的，有力气大的，等等。此外，作者对地下蚁穴的描绘，如同一幅市井生活的风俗画一般，蚁穴的每个房间里都有一些标牌，分别标有“糖果”“饼干”“奶酪”“蘑菇种植室”“宝物”“正在施工”……

我们来看一篇例文。

见思维导图 5-3：大大的惊喜。

[1] 田村茂. 蚂蚁和西瓜. 蒲蒲兰，译. 北京：21世纪出版社，2005.

思维导图 5-3　大大的惊喜

蚂蚁和西瓜 1：大大的惊喜

张楷泽

湖北省武汉市钟家村寄宿小学三年级

天空被太阳炙烤着，没有一丝云彩，地面如同火炉一般。

我登上一座青绿色的山，当我从山顶滑下来的时候，发现那是一块西瓜，红艳艳的果肉。我让三个小伙伴守着，自己去通知同伴，准备把西瓜运走。

同伴们从洞穴里涌了出来，一起跑到西瓜旁，咬紧牙关，推了起来。

“一二三，推！”几万只蚂蚁同时推了起来，可西瓜却固定在那里，一动不动。我——黑帽蚁，因为总是戴着一顶黑帽子，现在站在西瓜顶上，望着累得吐舌头的队员们，心里满是焦急。

此时正值盛夏的中午，太阳射出道道毒箭，地上一踩一个黑印子。

“快到西瓜果肉里来，好歹果肉里温度低一些。”一个个昂着头，六条腿一前一后攀爬着，脸贴着西瓜皮，仿佛随时能被烤焦。

他们纷纷钻进了西瓜的深层，开始狂吃狂喝起来；而我却在浅层，祈祷着太阳快点落山。

光阴似箭，太阳终于落山了，他们纷纷爬了出来。

“我们使用杠杆的力量吧！”我提议。大家找来两根树枝，一根插在西瓜左边的底部，一根插在西瓜右边的底部，所有的伙伴平均分成两队，我站在前面指挥。可是，西瓜还是动不了。

我眯着眼睛，绞尽脑汁想办法——是不是可以用铲子一点点地挖，然后让他们运回去？

我拿起铲子，快速地挖了起来，一边挖、一边说：“来，给你！”所有果肉全部挖完。望着同伴们背着果肉远去的身影，我会心地笑了。

过了一会儿，我感觉身体颤巍巍的，摇晃了一下，累得倒在地上，可我脸上依旧露出微笑。

张楷泽选择黑帽蚂蚁的视角来写，这只蚂蚁也是绘本的主角。在一系列的动作、语言和心理活动细节之下，我们读到了黑帽蚂蚁的聪明、勤奋。在视角转换之后，最难的是要符合这一视角的特征，这一点张楷泽做得不错，比如“六条腿一前一后攀爬着，脸贴着西瓜皮，仿佛随时能被烤焦”，写得生动有趣。

再来看一篇例文。见思维导图 5-4：跟你死磕到底。

蚂蚁和西瓜 2：跟你死磕到底

应宁璐

湖北省武汉外国语学校三年级

“啊，累死了！”我打了一个哈欠，然后把头垂下，慢慢地走向我那柔软的床。

思维导图 5-4　跟你死磕到底

“嗯，真舒服。”我躺了下来，然后往左边一转，六条腿倒在床上。

“快出来！在草地上发现好东西啦！”就在我快要进入梦乡时，黑帽蚂蚁那有点沙哑的声音，把我吓得两只触角都颤了一下。

不过，他可是我们的头头，命令没人敢不听。

我先把左腿的第一只脚迈出，再把右腿的第一只脚迈出，然后迈出左腿的第二只脚和右腿的第二只脚，接着是第三只脚……这是我能想到的最慢最慢的走路方法了。

“快点，快点！”黑帽蚂蚁又用那有点沙哑的声音喊道。

没办法，我只能跟上去。

这时，我看见一只老蚂蚁慢慢往前走，心想：“我今天就是要和黑帽死磕到底。”不过，我听见前方有嘶嘶的声音，想搞个明白，就赶紧以最快的速度冲了过去。

黑帽蚂蚁跑在队伍中间，我就在他旁边，监视他的一举一动。

黑帽蚂蚁看见那个巨大的西瓜后，冲到了最前面。我可不想跑太快，没有跟上。

他让我们推西瓜，我没有推，而是在旁边休息。他让我们利用杠杆原理把西瓜搬回家，我没有动，只是在一旁看着。

黑帽蚂蚁让我用铲子把西瓜挖下来，带回家。我爬上西瓜，吃了一口，然后在西瓜边缘睡着了，这里湿湿的，还挺凉快的。

突然，我觉得很吵，睁开眼睛，发现蚂蚁们搬得差不多了，这会儿正回来啃西瓜。我反正吃饱了，闭上眼，继续睡。

身子猛地一斜，极不情愿地再次睁开眼睛：他们竟然把西瓜皮往石头上搬。这可是我睡觉的床啊！我滑了下来。黑帽蚂蚁叫大家去玩，可我回房睡觉去了。等他们回来休息，我叫上好朋友去玩。

小黑帽，我就要跟你死磕到底。

整篇作文读完，你是不是在笑？应宁蕗选择贪睡蚂蚁的视角来写，最大程度地写出了这只蚂蚁的个性特点。在写它慢吞吞起床时，写道——“我先把左腿的第一只脚迈出，再把右腿的第一只脚迈出，然后迈出左腿的第二只脚和右腿的第二只脚，接着是第三只脚……”在写它不配合黑帽蚂蚁时，写道——“他让我们推西瓜，我没有推，而是在旁边休息。他让我们利用杠杆原理把西瓜搬回家，我没有动，只是在一旁看着。”到了结尾，还要跟黑帽蚂蚁死磕一回。

再看下面这篇例文。见思维导图 5-5：大力士的烦恼。

蚂蚁和西瓜 3：大力士的烦恼

王钰林

湖北省武汉市育才小学五年级

当时正在拓建蚂蚁城，听见上面一片嘈杂，我满头大汗地扛着铲子、斧头，抬起头向上望去。黑压压的同伴们掩盖了我的视线，他们蜂拥而上，好似发现新大陆一般。我莫名其妙，不由自主地跟着队伍跑了起来。

思维导图 5-5　大力士的烦恼

我个子大，迈的步子宽，不一会儿就探到了最前面。一大堵墙拦住了我的去路，我踮起脚尖，才看清它的模样——一块又大又红的冒着水的大西瓜！这回有口福啦！绕过后来居上的蚁群，我沿着瓜皮，一点儿一点儿爬上去。

“伙计们！”领头小黑喊，“咱们把它搬回洞去！”作为大力士，我首当其冲，前腿顶地，后腿一蹬。可西瓜貌似在与我们开玩笑，纹丝不动。

人类的阿基米德提出过观点：给我一个支点，我就能撬动整个地球。我们有小木棍，当然也可以把西瓜撬起！小伙伴们呼声四起，在小黑的指挥下，纷纷站好自己的“岗位”，用牙咬着木棍，一点点向前拱着。我被安排在棍的边上，那里需要很大的力气。我涨红着脸，使劲儿用身子顶着木棍。“唰”，西瓜终于动了，可过了几秒又滚了回去。哎！白忙一场！

小黑咕噜咕噜转着眼珠子，灵机一动，指着我：“阿力，去把我们所有的铲子和斧头搬来！”我听到指令，跨着大步，气喘吁吁到了家里。四边没有蚂蚁，要不休息一下？我迟疑了一会儿，还是扛着工具，“呼哧呼哧”跑了回去。

“挖成一块块儿，再搬走。”小黑挥挥手，“伙计们，动起来！”

大家振作精神，拿着我带来的工具，开始挖果肉。我是修路的工蚁，专业技术过硬，就更加卖力。傍晚时分，我完成了比其他蚂蚁多上一倍的工作量。我挥挥汗，拖着疲惫的身子，躺在地上，触须摊开。

“阿力！”小黑又指指我，“你力气大，把瓜皮搬回去！”

没法儿，命令不能不从，瓜皮背上肩，一小步一小步地踱了回去。

回窝，蚁后封小黑为大臣，并赏予塑料球一枚，小黑高兴得不得了。可我出的力量最多，封不上官，至少在分果肉的时候，多给我点儿吧？

王钰林选择大力士蚂蚁的视角来写，带来了完全不一样的内容。虽然还是搬西瓜，可那个聪明的小黑喜欢指手画脚，大家对他有点不服气。写“我”累的那句——“躺在地上，触须摊开”，很生动，已经完全代入到蚂蚁的角色中了。

再看第四篇例文。见思维导图 5-6：不出洞穴的蚁后。

蚂蚁和西瓜 4：不出洞穴的蚁后

叶锦谦

湖北省武汉市一元路小学四年级

我坐在蚁后的皇位上，享受着最高的待遇。

中午的时候，蚁穴洞口突然传来一阵急匆匆的脚步声。我知道，侦察队长小黑又有新发现了。整个蚁穴沸腾了，所有的蚂蚁争着奔向洞穴口，随后什么也听不见了。

我出房间一看，水厂仍在自动运营，“金银财宝”还在，糖果还在，树叶上的蘑菇也在……不在的是那成千上万只

思维导图 5-6　不出洞穴的蚁后

蚂蚁。

我重新回到蚁后位子上。仿佛过了一个世纪，洞穴口终于有了嘈杂声。接着，声音越来越大——

“嘿呦喂——”

“加把劲儿！”

“蚁后，看看这些鲜红鲜红的西瓜，真是捡到宝了！”

我来到洞口，远远望去，成群结队的蚂蚁把洞穴前的通道铺成了一条红色大路。一大块一大块的西瓜被运进洞穴，有的两人合抬，有的一人独抬，还有的是小黑派来的蚁兵——负责维持秩序。

“把一些较小的西瓜扔进榨汁饮水机，榨成西瓜汁！”我一声令下，几十只小蚂蚁把西瓜扔了进去，水立刻变成了红色，散发着浓郁的香味。

我顺着蚁道往下爬，突然“前面施工”几个字呈现在了眼前。西瓜太多，把通道都挤满了！我只好换了一条通道。

“能把时钟室用来装西瓜吗？”一只工蚁问道。

“可以”，我毫不犹豫地答道。

“能把装糖果、饼干、蘑菇的地方用来装西瓜吗？”

“必须的！”我语气坚定地回答道。

“能把装‘金银财宝’的地方用来装西瓜吗？”

“不行！怎么可能！”

“呵呵，看来蚁后还是对理财格外慎重呀！”一只工蚁笑着说。

“……”

整个蚁穴变成了红色的海洋……

当天晚上，我们举行了一场盛宴，每只蚂蚁都吃得痛痛快快、潇潇洒洒，因为这些都是我们蚂蚁的功劳。

叶锦谦选择蚁后的视角来写，感觉又不一样。尊贵的蚁后享受着一切美味。一段又一段的对话，生动展示了蚂蚁们的日常生活，其中还不忘幽默了一把——“不行！怎么可能！”把蚁后的个性有趣地展示了出来。

下面看第五篇例文。见思维导图 5-7：闯入蚂蚁的神秘王国。

蚂蚁和西瓜 5：闯入蚂蚁的神秘王国

秦依然

湖北省武汉市长春街小学四年级

我是一只蚯蚓，在黑暗的洞穴里钻来钻去。

这天，听到黑暗的前方有很大的噪音，我钻过去，才发现这是蚂蚁的家。蚂蚁们差不多都走光了，听说在外面发现了一块巨大的西瓜，都去搬西瓜了。我现在有机会好好参观一下这个神秘王国。

蚂蚁家的地板是用棉花糖做的，柔软极了，还是不同口味的。他们有很多房间：糖果房、饼干房、奶酪房、蘑菇种植室、宝物房、工具室、卧室等。

卧室，就是睡觉的地方。蚂蚁先躺着，再盖上用树叶铺成的被子，睡在里面肯定温暖极了。在床头柜上还有甜丝丝的糖果，美味可口。

思维导图 5-7　闯入蚂蚁的神秘王国

工具室有各种奇怪的工具，蚂蚁们会拿着小工具叮叮当当地修墙，建更多的房间。

我挺喜欢宝物房，里面有闹钟、纸、铅笔，还有橡皮。哦，这不是我上次看中的一片树叶吗？当时我不饿，想着过一天再来吃，可是第二天就不见了，原来被搬到了这里。

我闻到了一股甜甜的香味，顺着香味，找到了蚂蚁的厨房。里面有几位厨师正在准备午餐。闻着香气，他们平时垂下来的触角伸得很高。那里有好多好多的食品，像蘑菇、薯片、糖果之类的。

听说，有的蚂蚁还是“快递员”，经常给其他昆虫送快递。他们用触角来分辨路，就像一个个小号的导航仪。可是，他们一次都没给我送过，今天也没看到。

这就是蚂蚁的神秘王国，虽然道路对我来说有点窄，不过蚂蚁肯定很喜欢，他们挖了那么多房间，可以藏各种各样的东西。

秦依然选择蚯蚓的视角来写，带着我们一起参观了蚂蚁的洞穴：这真是一个神奇的王国，有各种有趣的东西。这一类作文就需要有足够的科普知识，才能写出合理的细节，带来不一样的震撼效果。

作文构思要讲究新意，有新意才能带来新奇，让作文显得有特色。变换视角就是一种很重要的求新技巧。同样的事件，以不同视角来看，就会呈现出不一样的面貌，也会带出不一样的意义。

《蚂蚁和西瓜》这个绘本，一个简单的故事，通过变换视角，变成了这么多不同类型的作文，大大拓展了我们的思维，丰富了我们表达的可能性。

动笔写一写

1. 你家里养有猫、狗、鱼等小动物吗？请选择一种小动物，以它的视角来写你和它的故事，400字以上。

2. 拿这篇视角转换的作文，对比你此前写过的动物作文，看看有什么不一样的地方。

(二)名篇精读

读懂一列树的忧愁和快乐

行道树[1]

张晓风

每天，每天，我都看见它们，它们是已经生了根的——在一片不适于生根的土地上。

有一天，一个炎热而忧郁的下午，我沿着人行道走着，在穿梭的人群中，听自己寂寞的足音，我又看到它们，忽然，我发现，在树的世界里，也有那样完整的语言。

我安静地站住，试着去理解它们所说的一则故事：

我们是一列树，立在城市的飞尘里。

许多朋友都说我们是不该站在这里的，其实这一点，我们知道得比谁都清楚。我们的家在山上，在不见天日的原始森林里。而我们居然站在这儿，站在这双线道的马路边，这无疑是一种堕落。我们的同伴都在吸露，都在玩凉凉的云。而我们呢？我们唯一的装饰，正如你所见的，是一身抖不落的煤烟。

是的，我们的命运被安排定了，在这个充满车辆与

[1] 张晓风. 行道树. 北京：九州出版社，2014：162-165. 本文被收录进人教版《语文》七年级上册，收录时有删改。

烟囱的工业城里，我们的存在只是一种悲凉的点缀。但你们尽可以节省下你们的同情心，因为，这种命运事实上也是我们自己选择的——否则我们不会在春天勤生绿叶，不必在夏日献出浓荫。神圣的事业总是痛苦的，但是，也唯有这种痛苦能把深度给予我们。

当夜来的时候，整个城市都是繁弦急管，都是红灯绿酒。而我们在寂静里，在黑暗里，我们在不被了解的孤独里。但我们苦熬着把牙龈咬得酸疼，直等到朝霞的旗冉冉升起，我们就站成一列致敬——无论如何，我们这城市总得有一些人迎接太阳！如果别人都不迎接，我们就负责把光明迎来。

这时，或许有一个早起的孩子走了过来，贪婪地呼吸着鲜洁的空气，这就是我们最自豪的时刻了。是的，或许所有的人都早已习惯于污浊了，但我们仍然固执地制造着不被珍视的清新。

落雨的时分也许是我们最快乐的，雨水为我们带来故人的消息，在想象中又将我们带回那无忧的故林。我们就在雨里哭泣着，我们一直深爱着那里的生活——虽然我们放弃了它。

立在城市的飞尘里，我们是一列忧愁而又快乐的树。

故事说完了，四下寂然，一则既没有情节也没有穿插的故事，可是，我听到了它们深深的叹息。我知道，那故事至少感动了它们自己。然后，我又听到另一声更深的叹息——我知道，那是我自己的。

1. 名家简介

张晓风，1941 年出生于浙江金华，祖籍江苏铜山，是中国台湾著名散文家。早期作品描写多是生活琐事，后期渐渐转变为抒写家国情怀及社会世态，融入哲理，不断开拓。她的切入点通常并不宏大，但其思考的深度令人惊叹。文章常常蕴含对人生和生命宇宙的思考，新颖独到。

2. 思维导图

文中的故事描写部分，见思维导图 5-8：行道树。

3. 导图解读

（1）思想角度解读

平凡而普通的行道树，被赋予人的生命、思想和情感，被坦诚地披露真实的心路历程。它们是默默无闻的奉献者，活出了自己的生命力。特别是文中的那句——“神圣的事业总是痛苦的，但是，也唯有这种痛苦能把深度给予我们”，里面有一种悲怆的感觉，能读到“为什么我的眼里常含泪水，因为我对这土地爱得深沉”的味道。

整篇文章形象地阐释了生命价值的深层含义。

一是，敢于接受命运的安排。本来生长在原始森林，却被安排到了马路边，这无疑是一种堕落，但是行道树没有抱怨、埋怨，而是说“这种命运事实上是我们自己选择的”，表现出敢于接受命运安排的豪情。

二是，勇于承受痛苦和磨难。行道树的生活相比森林树有着很大的不同，忍受着外在的和内心的双重煎熬，比如一身抖不落的烟

行道树
切题
立在城市的飞尘里
忧愁
离开家，一身烟尘
命运被安排，悲凉的点缀
快乐
苦熬中迎接光明
污浊中制造清新
总结
忧愁而又快乐的树

思维导图 5-8　行道树

尘、在不被了解的孤独里苦熬，但它们并没有被这些打垮。

三是，执着追求和无私奉献。命运如此安排，又有这么多痛苦和磨难，可心里却还想着别人——“如果别人都不迎接，我们就负责把光明迎来”“我们仍然固执地制造着不被珍视的清新”。这是多么崇高的精神！

视角的转换，让我们更好地剖析了自己。行道树就像城市里的小人物，在一个陌生的城市里努力打拼，坚持不懈。

（2）文章布局解读

文中的故事引文分四个部分：开头切题，树的忧愁，树的快乐，结尾总结并点题。

①开头切题。第一段，直接介绍身份和状态，干脆利落地点出要写行道树这一物。动词“立”表明了整篇文章的基调，那是一种生命力的象征，带着自豪感。

②树的忧愁。第二段和第三段，写“我们”的忧愁状态。第二段写“我们”出生在原始森林，而如今命运改变，有了一身抖不落的烟尘。第三段是对第二段的补充：这一烟尘对“我们”来说意味着什么——作为城市悲凉的点缀，痛苦。

③树的快乐。第四段和第五段，写“我们”的快乐状态：虽然生在痛苦中，可并没有放弃自我，而是迎接太阳、迎接光明，固执地制造清新。这是全文的重点：环境改变了，命运改变了，但心未曾改变，斗志未曾改变。

④结尾总结并点题。第六段和第七段，总结第二段到第五段的内容：忧愁而又快乐。同时呼应了开头，并用上开头最重要的一个动词“立”，这是顶天立地的“人”的生动写照。这类人忧愁也是有的，不过不能丢掉快乐，要找到自己的使命感，坚持不懈才是最重

要的。

（3）视角解读

文中的故事引文以拟人化视角来写。第一段就直接告诉读者——“我们是一列树”，后面也一次次用到“我们”。对行道树的身世、所遭遇的命运、自我的努力等，都是以“我们”的口吻来讲述，使生硬的道理变得通俗易懂。

4. 我要怎么学

（1）一开笔表明视角

视角转换最好是一开笔就表明你所用的视角，而不是在文中慢慢展示——那样会造成叙述的混乱。比如在一个会议现场，大家都争着发言，你一上来就先介绍自己（你是谁，你想说的观点是什么），然后再具体阐述观点，会显得清晰有条理。

（2）说理的话要有对比

这篇文章里的转换视角是为了托物言志，更好地说理，比直白地说“我们要像行道树一样，向它们学习”显得高级一些。这样含蓄的表达，会让人有回味的感觉。涉及类似话题的托物言志，都可以采用拟人化视角转换，不过，一定要写出前后的变化，感悟才会更真切。文章中是森林和城市的对比、“我们”和城市其他人的对比。

（3）开头结尾简洁，表明观点

拟人化视角，特别是用在说理方面，开头和结尾一定要简洁。开头切题，告诉别人你要干什么；结尾对具体内容做个总结，呼应开头。

动笔写一写

参照《行道树》写一篇关于老师的作文，视角需要转换到其他事物身上，写出老师的爱心和辛勤。450字以上。

（三）学生习作

用另一个“我”打开一扇新的窗

现在，“我”可以是万事万物，这就是视角的转换。如果“我”是植物，“我”看待世界会是以怎样的视角？如果“我”是动物，“我”又会怎样看待所发生的一切？就像进入了动画片《玩具总动员》，一个个物体都变成了生动的“人”。

1. 植物视角

《行道树》选择的就是植物视角，我们先来模仿和借鉴植物视角。作为大自然和城市的一分子，植物的“我”会有怎样不一样的视角？

我是一株观赏花

赵昭萌

湖北省武汉市光谷第二十六小学四年级

我是一株花，从森林的黑土里冒出来。

一连几天的雨。我又一次在雨水中被浇得透凉，看见的，还是在雨中聊天的小草，还是皱着眉沉思中的大树。可就有那么一天，命运已被改变。

那天，我还在清晨的雾气中打着呼噜，一阵小草的叫声吵醒了我。朦胧中，身旁的草提醒我："花儿，躲起来！"

雾气中，有个包裹在黑外套里的人，将我从黑色的土里连根拔起。

当我再次睁开眼，看到的是一面面玫瑰黄的墙壁、一把把淡粉色的椅子与紫罗兰般的紫茶杯，还有一个女人。她望着我身上和青稞麦一样翠绿、柔软的枝叶，闻了闻我粉红的花瓣，说："多美的一朵花！"

过了好几天，我还是无法逃出这房子。"我在这儿待太久了。"我对自己说，"我要去外面！"

我盯着黄色的地板，缓缓闭上眼睛。我尽力想象地板是小草，想象着我还在那草地上。可野外的清香我闻不到，闻到的是刺鼻的香水味；外面的芬芳我见不到，见到的是黄色的墙和紫色的天花板；鸟儿的叫声我听不见，听见的是嘀嘀的汽笛声。

每天在面前进进出出的，是一群又一群的人。他们见到我，总摆出一副笑脸："这花真好看！"

虚伪！我看见他们贪婪的脸，就知道他们绝对不会真心喜欢一朵野花。

在屋里进出的人越来越多，女人也再没欣赏过我。上个星期浇的水已经干掉了，土壤也没有丝毫肥力，我能感到身体里的水分一点点消失，我的枝叶仿佛一个被榨干的桔子，美丽的花瓣成了枯黄色。

一切似乎都毫无生机。我的枝叶枯萎，我的心灵也慢慢被腐蚀。自由，这两个字成了奢侈品。

当那女人再一次见到我，欣赏的眼神灰飞烟灭。她拎着花盆，一脸嫌弃地将我扔到了草地上。

我想起了什么。

我用力抽动干枯的枝叶与花心，扭动我的根，使我能从花盆中脱身而出。春雨再次洒下，我的根重新扎入这湿湿的土壤。

一年又一年过去，我生长在这草地上。我总会听春风给我讲燕子的故事，总会看小雏鸟长出羽毛。一次又一次，当它们不能为我带来快乐时，我总尽力逃避之前的沉寂。

我总在想，这，不是结束。

赵昭萌的这篇作文展示了不错的模仿功底，把行道树换成了观赏花，也一样经历了被移栽的命运。

作文开头切题，直接表明“我”的视角就是一株花。同时，题目也精准点明了视角的转换。

当命运发生变化后，这段经历很重要，是“我”的成长故事。作文的笔墨主要用在了移栽后的故事上，还加入了爱美女人的故事。人物选得不错，这是当下爱美女士的一类代表：一面以高雅的姿态欣赏美，一面没有半点珍惜美的心。

手法上，对比用得好。例如，“我”从森林到女人家中的对比，以及“我”从女人家中再回到草地的对比、女人和她的客人对“我”态度的前后对比。通过对比，让人感受到人心的喜新厌旧，感受到都市精致病的极度可笑。为了描述这种精致病，文中特意用上了大量的颜色描述——“当我再次睁开眼，看到的是一面面玫瑰黄的墙壁、一把把淡粉色的椅子与紫罗兰般的紫茶杯，还有一个女人。她望着我身上和青稞麦一样翠绿、柔软的枝叶，闻了闻我粉红的花瓣，说：‘多美的一朵花！’”

2. 动物视角

上面这张照片出现在人教版六年级上学期《语文》(2006 年版)第七单元的习作训练中。

这是 2001 年的一张新闻照片。据古巴《起义青年报》2001 年 9 月 29 日报道，一群憨态可掬的小鸭子正在鸭妈妈的带领下漫步在温哥华街头。突然，几只小鸭子失足跌入了路旁的下水道。危急时刻，鸭妈妈沉着冷静，向巡警求助，并带领他赶到出事地点。巡警从下水道中捞出了将要被冲走的小鸭子，目送它们摇摇摆摆地上路了。

课堂上，丁丁老师把故事分成了几个部分，比如怎么掉下去的、鸭妈妈怎么求救、巡警怎么救小鸭子、鸭子们怎么过马路。孩子可以自由选择，然后转换视角来写，比如，“我”可以是掉下井的小鸭子，或者是鸭妈妈。

井下

李乐乐

湖北省武汉外国语学校美加分校五年级

“嘎！”

我随着另外两名兄长掉进了一个陌生的地方，黑漆漆的，冰凉的水拍打在我毛茸茸的脸上，寒冷刺入我的骨头，我瑟瑟发抖着。

我是一只随着妈妈出来觅食旅游的小黄鸭，走到半路，掉进了一个黑漆漆的河里。现在，我所能看见的只有一缕洞外的阳光。哥哥告诉我，我们要向上游，妈妈在阳光里等我们。

尽管如此，我还是很害怕。流水一直啪啪地让我顺水往下漂，我紧张着大叫着：“嘎，嘎嘎！”声音有些颤抖。

突然，我的脚碰到了一个滑滑的、硬硬的东西。我以为是什么怪物，忍不住松开了脚丫，身体顺水往下漂！哥哥们赶紧用翅膀帮我一挡，我这才没被冲走。我奋力向那束阳光游去。

“嘎，嘎，嘎，嘎！”

一声又一声急促又担心的喊叫传了进来。我抬头一看，原来是我的 3 个小妹妹在上面拍打翅膀。

我们奋力地喊叫。妹妹在上面嘎嘎地叫，我们在下面嘎嘎地叫。一张人类的陌生的脸遮住了阳光……一根捞鱼网把我们捞了上去。

当我们睁开眼时，我们已经站在了妈妈面前。我们纷纷涌上去，给了妈妈一个“冰凉”的拥抱。

回家了，我们排成了一列整齐的队伍走在马路上。那几分钟，所有的车辆都停了下来，身后那个陌生的人目送着我们过了马路，站在马路中央指挥来往的车辆……

如果以巡警或者记者的视角来写，没法写出小鸭子在井下遭遇的细节。李乐乐对小动物很有爱心，所以她选择小鸭子的视角，用心去感受所发生的一切，写出了小鸭子的害怕、绝望和急迫等。作文中三次写到“嘎嘎”的叫声，声音又都不同，还有扑扇翅膀，等等，这都是视角转换后抓得很准的细节。有了这些细节，才真的让读者觉得“我”就是小鸭子。

总之，转换视角是让作文有不一样的体验，达到陌生化的效果。陌生化，就是以陌生的眼光看待熟悉的人或事，营造一种新奇感，这样的叙述不落俗套，令人耳目一新。

作文的路上需要创新，大家可以大胆尝试，找到合适的作文类型，选择最佳的切题角度，写出满意的好作文。

动笔写一写

仔细观察小鸭子过马路这张图，选择一个陌生的视角来写作文，可以用拟人化视角，也可以用交替视角。500字以上。

人大社青少年写作书目

中国人民大学出版社一直致力于为青少年出版充满创意的写作书，激发孩子的写作思路，让孩子在写作中发现自我、表达自我，同时学习写作技巧，提高写作水平。

写作不只是写作文，它是一种充满想象力的创作，能够极大地拓展人的思维和表达能力，更是一种可以伴随孩子一生的技能。这里有通过画画启发创意思维的《写写画画故事书》，有美国获奖作家系统讲授写作方法与技巧的《写作大冒险》和《小作家手册》，有儿童文学作家带来的《作文课》，有写作大赛名师的课堂再现《丁丁老师创意作文课》……在这里，你能找到孩子喜欢读的写作书。希望人大社写作书不仅能帮孩子学到写作技巧，还能让孩子真正地爱上写作。

书名	作者	出版日期	介绍
《写写画画故事书》（套书五册，赠日记书）	白铅笔	2018 年 7 月	适读年龄：6～9 岁。 孩子的第一套创意写作启蒙书，让孩子创作出属于自己的绘本故事。
《作文课：让创意改变作文》	谭旭东	2019 年 8 月	适读年龄：9～15 岁。 贴近中小学生生活的写作课，教你把创意用到写作中。
《写作大冒险——惊喜不断的创作之旅》	[美] 凯伦·本克	2018 年 10 月	适读年龄：9～18 岁。 来自美国的超酷创意写作书，可以撕、可以写、可以画、可以玩。
《小作家手册——故事在身边》	[美] 维多利亚·汉利	2019 年 2 月	适读年龄：9～18 岁。 获奖作家为你揭开写作的秘密，你也能成为一名真正的小作家。
《丁丁老师创意作文课——教你写出有个性的作文》	丁丁老师	2018 年 10 月	适读年龄：9～12 岁。 写自己、写家人、写游记、写场景、写生活，告别套路，教你写出与众不同的味道。
《丁丁老师创意作文课——教你写出会思考的作文》	丁丁老师	2018 年 10 月	适读年龄：9～12 岁。 写推理、写变形故事、写说明文、写议论文，让你的作文会呼吸，写出自己独特的思考。
《思维导图作文——看得见的写作》	丁丁老师	2019 年 11 月	适读年龄：9～12 岁 写事、写人、写动物、写静物、写景、写想象，直指写作中最易出现的错误，用看得见的步骤和思维导图教你写好作文
《思维导图阅读——能模仿的写作》	丁丁老师	2020 年 1 月	适读年龄：9～12 岁 写作方法 + 名篇精读 + 习作点评，配上思维导图，教你向名作学写作。
《写作魔法书——28 个创意写作练习，让你玩转写作》（修订版）	白铅笔	2019 年 6 月	适读年龄：9～15 岁。 好玩的创意写作练习，你的笔一写就停不下来。写作的魔法就藏在你的脑袋里，快来试一试！
《写作魔法书——让故事飞起来》	[美] 加尔·卡尔森·莱文	2014 年 6 月	适读年龄：9～15 岁。 纽伯利奖获奖作家分享写作秘密，帮你找到绝佳的故事创意。

书名	作者	出版日期	介绍
《少年未来说·第1季》	曹文轩 高秀芹	2019年 6月	适读年龄：6～12岁。 “北大培文杯”全国青少年创意写作大赛优秀作品（第1季），展现青少年天马行空的想象力和精妙灵动的文字水平。
《写给未来的自己·第2季》	刁克利 高秀芹	2019年 6月	适读年龄：10～18岁。 “北大培文杯”全国青少年英文创意写作大赛优秀作品（第2季），用英语展现创意与写作，向未来出发。
《北大清华学长的写作黑科技》	《意林》 编辑部	2020年 7月	适读年龄：12～18岁。 北大、清华学长分享自己的写作秘密，四十位高考作文学霸的走心经验谈。
《爱追剧？那你的作文有救了》	郭建华	2020年 7月	适读年龄：12～18岁。 电视剧里有门道，藏着作文高分的小秘密。换个角度看电视，既追了剧，又写了作文。
《北美思维导图作文》	小杨老师	2020年 6月	适读年龄：6～12岁。 原汁原味的美式思维写作课堂，小杨老师用汉堡包、奥利奥、蝴蝶、鱼骨图搞定写作。